LE ZODIAQUE CELTIQUE

LES 21 ARBRES PROTECTEURS ET LE CALENDRIER DRUIDIQUE

Catalogage avant publication de Bibliothèque et Archives Canada

Larsson, Emma

Le zodiaque celtique
(Collection Astrologie)
ISBN 2-7640-1107-5
1. Astrologie celtique. 2. Calendrier celtique. I. Titre. II. Collection

BF1714.C44L37 2006 133.5'93916 C2006-940622-7

LES ÉDITIONS QUEBECOR
Une division de Éditions Quebecor Média inc.
7, chemin Bates
Outremont (Québec)
H2V 4V7
Tél.: (514) 270-1746
www.quebecoreditions.com

Éditeur: Jacques Simard
Conception de la couverture: Bernard Langlois
Illustration de la couverture: Veer
Conception graphique: Jocelyn Malette
Infographie: Claude Bergeron

Nous reconnaissons l'aide financière du gouvernement du Canada par l'entremise du Programme d'aide au développement de l'industrie de l'édition (PADIÉ) pour nos activités d'édition.

Gouvernement du Québec – Programme de crédit d'impôt pour l'édition de livres – Gestion SODEC.

Imprimé au Canada

Emma Larsson

Le zodiaque celtique

Les 21 arbres protecteurs et le calendrier druidique

Les Éditions Quebecor
Quebecor Media

Introduction

Personne ne peut savoir toute la vérité
sur ce qui le concerne.
Sagesse celte

Toute marche est une marche spirituelle.
Sagesse celte

Comme tous les autres peuples, les Celtes fixaient leur regard vers le futur et leurs espoirs sur les astres et les éléments de la nature au milieu de laquelle ils vivaient. Comme chacun de nous, les Celtes espéraient mieux se connaître et souhaitaient savoir ce que leur réservait l'avenir. L'horoscope celtique s'inspire des arbres. Être sous l'influence d'un arbre fait mieux comprendre en quoi la nature peut nous être bénéfique.

Bien que nous ayons tendance à associer les peuples celtes aux îles Britanniques et à certaines régions de la Gaule, à une époque ancienne, ils ont résidé dans presque toutes les régions d'Europe (de la Turquie au Portugal en passant par la Roumanie). Certains historiens avancent d'ailleurs que les Celtes seraient issus d'une élite de la région d'Harz en Autriche; celle-ci, devenue nomade, aurait essaimé et peu à peu exercé une influence culturelle sur des tribus autonomes d'Europe de l'Ouest[1].

Fondée avant tout sur la tradition orale, la culture celte reste de nos jours méconnue. Les historiens en connaissent relativement peu sur les croyances, les façons de prévoir l'avenir et les manières de pratiquer la divination de ces peuples. Il est toutefois clair que les arbres et la lune tenaient des rôles fondamentaux dans leur univers: les chênes, par exemple, faisaient souvent office de temple et les druides ont conçu un calendrier basé à la fois sur les cycles de la lune et du soleil.

Aucun horoscope celtique ne nous ayant été transmis de manière sûre, les auteurs et les astrologues, qui se sont penchés sur la question, ont repris des textes consignés et certains symboles retrouvés sur des vestiges de la cette civilisation. À notre tour, nous vous présentons un horoscope basé sur les 21 arbres protecteurs qui décrit la personnalité des gens nés sous la protection de chacun d'eux, ainsi qu'un calendrier druidique qui énonce les actions les plus propices durant les 13 lunaisons de l'année.

1. Pour quelques informations à ce sujet, consultez l'annexe, à la page 175.

L'horoscope des 21 arbres protecteurs[2]

L'arbre, dont les variétés étaient et restent très nombreuses sur le territoire européen, est l'élément de base de cet horoscope. Il naît, vit, grandit, souffre, protège, guide, guérit et, un jour, meurt ; chaque type d'arbre ou d'arbuste ayant des caractéristiques uniques, il représente donc un élément de la nature qui se prête à merveille à la description du caractère et de la destinée des hommes.

La plupart des arbres de l'horoscope celtique gouvernent une période d'environ 10 jours. L'arbre d'une période donnée (par exemple, le Noisetier, du 22 au 31 mars, puis du 24 septembre au 3 octobre) devient le protecteur de ces jours, en même temps qu'il est l'emblème des natifs de ces périodes.

Il existe également dans l'horoscope celtique quelques jours charnières qui correspondent aux équinoxes et aux solstices de l'année. Ces jours sont les 21 mars (Chêne), le 24 juin (Bouleau), le 21 septembre (Olivier) et le 22 décembre (Hêtre). Les natifs de ces dates ont donc la chance d'avoir un arbre pour eux seuls. Cela fait, croit-on, des gens chanceux et au caractère particulièrement fort. Aussi, chacun (même les gens qui n'ont pas eu la chance de naître un de ces jours spéciaux) pourra considérer ces jours comme particulièrement importants, car ils ont le pouvoir de stimuler les prises de décisions et de donner le goût du changement et de l'action.

---

2. Nous avons repris ici le système d'horoscope proposé par Edgar Bliss.

Le calendrier druidique

Les druides constituaient l'élite intellectuelle de la société celtique. Ils étaient recrutés parmi les nobles. Selon ce que rapporte César (qui a pu les observer lors d'une expédition sur les territoires actuels des îles Britanniques), ils avaient un grand prestige, ne payaient pas d'impôts et n'étaient pas tenus au devoir des armes. Le druide était à la fois un devin, un enseignant, un magicien, un juge. Sa tâche fondamentale consistait à préserver et à perpétuer les connaissances des hommes. Celles-ci étaient apprises par cœur, car la transcription écrite du savoir était interdite. On considérait, en effet, que le fait de mémoriser plutôt que d'écrire agissait comme une protection contre les éventuels ennemis.

Les druides – êtres savants – avaient donc conçu un calendrier complexe par lequel ils faisaient coïncider le cycle lunaire et le cycle solaire. On comptait les jours à partir des pleines lunes; les cycles se modifiaient donc chaque année.

Il vaut mieux toutefois se garder de croire que le calendrier druidique dont nous parlons aujourd'hui est le même que celui des anciens Celtes. Le présent calendrier est simplifié, mais il conserve la même symbolique. Celui-ci établit 13 lunaisons, toutes placées sous la gouverne d'un arbre ou d'un arbuste.

Pour le calendrier druidique, nous nous sommes également inspirés du Câd Goddeu (ou Combat des arbres), un long poème chanté par un barde du nom de Taliesin/Gwion. Ce poème raconte l'histoire du magicien Gwyddyon et de son frère Amathéon en lutte contre les forces de l'ombre, soit l'éternelle lutte que se livrent les éléments de la dualité universelle : la lumière et la nuit, les forces conscientes et les forces inconscientes, le dieu laboureur et le dieu des transformations, le soleil et la lune, la croissance et la décroissance. Selon cette fable, Gwyddyon transforme ses troupes en arbres et en arbustes spécifiques. Ceux-ci possèdent des symboliques différentes, tout comme nous, humains, possédons des caractéristiques uniques.

De tout temps, les êtres humains ont voulu comprendre le rôle qu'ils avaient à jouer en ce monde. Inspirons-nous de la curiosité des sages des temps anciens et de la générosité de la nature pour mieux nous connaître.

Bonne lecture !

Première partie

Les 21 arbres protecteurs

Sous quel arbre êtes-vous né ?

Chêne	–	21 mars
Noisetier	–	22 au 31 mars
Sorbier	–	1er au 10 avril
Érable	–	11 au 20 avril
Noyer	–	21 au 30 avril
Peuplier	–	1er au 14 mai
Châtaigner	–	15 au 24 mai
Frêne	–	25 mai au 3 juin
Charme	–	4 au 13 juin
Figuier	–	14 au 23 juin

Bouleau	–	24 juin
Pommier	–	25 juin au 4 juillet
Sapin	–	5 au 14 juillet
Orme	–	15 au 25 juillet
Cyprès	–	26 juillet au 4 août
Peuplier	–	5 au 13 août
Cèdre	–	14 au 23 août
Pin	–	24 août au 2 septembre
Saule	–	3 au 12 septembre
Tilleul	–	13 au 22 septembre
Olivier	–	23 septembre
Noisetier	–	24 septembre au 3 octobre
Sorbier	–	4 au 13 octobre
Érable	–	14 au 23 octobre
Noyer	–	24 octobre au 2 novembre
Peuplier	–	3 au 11 novembre
Châtaigner	–	12 au 21 novembre

Frêne	–	22 novembre au 1er décembre
Charme	–	2 au 11 décembre
Figuier	–	12 au 21 décembre
Hêtre	–	22 décembre
Pommier	–	23 décembre au 1er janvier
Sapin	–	2 au 11 janvier
Orme	–	12 au 24 janvier
Cyprès	–	25 janvier au 3 février
Peuplier	–	4 au 8 février
Cèdre	–	9 au 18 février
Pin	–	19 au 28/29 février
Saule	–	1er au 10 mars
Tilleul	–	11 au 20 mars

Le Chêne, ou la force

(le 21 mars)

La force. Une des principales caractéristiques du natif du Chêne est sa force; celle-ci s'exerce dans tous les secteurs de sa vie, mais surtout dans sa vie sociale et professionnelle. La personne née sous le signe du Chêne semble privilégiée par rapport aux autres, mais cela ne tient en réalité qu'à son courage et à sa confiance en elle-même. Bien sûr, elle acquiert cette confiance avec le temps. Cela dit, même jeune, le natif du Chêne fait tout ce qui lui tente. Il a de l'énergie ; voilà en réalité ce qui l'aide à réaliser ses rêves. La force, même si elle reste *a priori* une qualité, doit être maîtrisée et bien dirigée pour être utile. Une force agressive peut aider à se défendre, mais elle ne permettra pas de construire quelque chose de durable. La personne née un 21 mars apprécie ce qui est durable et s'exerce donc sur des projets qui en valent la peine. Elle s'associe pour longtemps et réfléchira avant de prendre une décision.

La ténacité. Lorsque le natif du Chêne a un projet en tête, qu'il s'agisse d'un projet personnel ou pas, il ne se contente pas d'en rêver. S'il veut quelque chose, s'il souhaite atteindre un but, il y parviendra tôt ou tard ou, à tout le moins, il fera tout pour l'obtenir. Il est capable de discipline, de concentration, ce qui l'aide. Il peut lui arriver d'être mauvais perdant. Il travaille si fort à obtenir ce qu'il désire que lorsqu'il ne l'obtient pas, il est vraiment déçu.

Le goût de plaire. Le chêne n'est pas le plus humble des arbres et le natif de ce signe est un peu à son image. Dans les faits, il n'est pas si prétentieux, mais il aime beaucoup qu'on le trouve bien, beau, intelligent, fort. Il faut avoir un côté bassement flatteur pour être en excellents termes avec un natif du Chêne. Cela dit, il ne fait pas défaut à ceux qu'il aime. Il se croit important, il aime qu'on le croie important, mais il apprécie plus encore le fait de se sentir utile aux autres. À l'image des chênes d'antan, de ceux du temps des Celtes, il agit de manière à être un temple pour ses proches.

La cordialité. La personne née un 21 mars aime inviter des gens chez elle. Si ce n'est pas le cas, c'est qu'elle est dans une situation qui ne la favorise pas. Elle est si travaillante qu'un jour ou l'autre elle se trouve dans la situation qui lui permet d'ouvrir grande sa maison. À ce moment-là, vous saurez qu'elle est vraiment devenue elle-même.

Le conseiller. C'est un être chaleureux, mais d'une chaleur un peu distante. Quand il vous aime vraiment, vous avez encore l'impression fugace qu'il vous prend de haut. Cela n'est pas le cas, c'est que dans sa psyché, il est haut. Et ce qu'il aime avant tout, c'est de vous rendre service en vous donnant des conseils. Mine de rien, il vous dit ce qu'il croit savoir sur vous. Et il faut qu'il se souvienne que tout le monde n'aime pas être conseillé...

Le courage. Le natif du Chêne déteste la lâcheté chez les autres et fuit les gens qui en font preuve. Pour ce qui est de lui-même, il n'imagine aucune solution lâche ; il sait défendre ses idées face à n'importe qui et dans toutes les situations. Il n'est pas courageux par effort, mais de nature. C'est son instinct qui agit. Au fond, le natif du Chêne a une énergie qui lui permet de faire face à toutes les circonstances sans perdre contenance. Cela dit, quand il casse, attention !

Le manque de souplesse. Vous connaissez la fable de Jean de La Fontaine, *Le chêne et le roseau* ? Eh bien, cela décrit en partie la nature du Chêne. Il est fort, c'est certain, mais il manque souvent d'une certaine souplesse. Il ne plie pas devant l'adversaire, ce qui peut lui causer des ennuis sérieux. S'il est conscient de sa difficulté à s'adapter et de son caractère rigide, il arrive à civiliser sa nature et sa force et il devient pleinement efficace.

L'orgueil. Ne blessez pas un natif du Chêne, ne faites pas de remarques désobligeantes, ne l'humiliez jamais, car il a une mémoire d'éléphant. Il adore être flatté, mais il déteste ne pas être pris au sérieux. Son orgueil peut bien sûr lui nuire, et s'il s'en corrige, il s'en trouvera mieux. Il vaut mieux pour les gens qui le côtoient ne jamais blesser son orgueil : il le pardonne difficilement.

L'indépendance d'esprit. On peut être assuré que le natif du Chêne prend ses décisions par lui-même. Étant sociable et appréciant beaucoup discuter, il s'interrogera peut-être tout haut sur des projets personnels. Il pourrait même, à l'occasion, avoir l'air de demander aux autres ce qu'ils pensent de telle question, un peu comme s'il allait s'inspirer de leurs réponses ; il n'en est rien. Le Chêne est indépendant d'esprit, fait ce qu'il veut quand il le veut et se moque en réalité de ce que pensent les autres. Il reste poli, mais il va son petit bonhomme de chemin quand il s'agit de ses intérêts propres. Il ne manque pas de générosité et il peut très bien conseiller quelqu'un qui en éprouve le besoin.

L'intransigeance. C'est surtout lorsqu'on est le subordonné d'un natif du Chêne que l'on réalise son intransigeance. Il ne laisse rien passer si ça ne fait pas son affaire.

La noblesse du cœur. Le natif du Chêne est honnête et intègre. Dans les faits, ce type de tempérament est trop direct pour avoir le temps de ne pas être lui-même. Il a un cœur noble, il n'humilie pas les gens ni n'en profite.

Travail-action

Le natif du Chêne est une force de la nature qui peut manquer de souplesse. Il s'adapte lentement, mais il va toujours jusqu'au bout de ses projets.

Énergie

Il possède beaucoup d'énergie vive qui émerge en flambées de courte durée.

Amour-famille-amitié

Le natif est double : tendre et rigide à la fois. Ou encore, un jour il est comme ceci, le lendemain comme cela. Quand il aime, il s'attend à ce qu'on ressente tout de suite la même chose envers lui. Il choisit son partenaire. Très loyal en famille, il aime la vie tranquille.

Argent

L'argent n'est pas au centre de ses préoccupations, mais parce qu'il aime ce qui est concret, il s'assure généralement de ne pas en manquer. Il n'a pas tendance non plus à se donner contre rien. Il apprécie davantage les relations d'échange et il a l'art de tirer son épingle du jeu.

Chêne-Bélier

Le natif du Chêne est également Bélier, ce qui lui confère une nature enthousiaste et une capacité de réaction vive. C'est un être qui croit en ses rêves et les poursuit jusqu'à ce qu'ils se réalisent. Sa force et son courage sont toujours surprenants. Il a de la chance.

Le Noisetier, ou la prospérité

(du 22 au 31 mars et du 24 septembre au 3 octobre)

L'imprévisibilité. La principale caractéristique du natif du Noisetier est qu'il peut changer du jour au lendemain et qu'il a tendance à cacher ce qu'il est et ressent réellement. Il aime briller, mais il se cache dans l'ombre. Ou alors, il aime l'ombre et brille. Il est tendre, bon, gentil, généreux et, tout d'un coup, vous vous apercevez qu'il peut aussi être le contraire de tout cela.

L'activité. Avant tout, le natif du Noisetier est de type nerveux. Il bouge beaucoup, réfléchit aussi beaucoup mais cela ne vaut rien à ses yeux tant qu'il n'a pas fait suivre sa réflexion d'une action. Plus son métier est exigeant, mieux il est dans sa peau. Paradoxalement, c'est aussi quelqu'un pour qui la famille est capitale. Si on l'observe un peu, on réalise vite que, dans les faits, il est capable de mener de front beaucoup plus d'activités que la moyenne des gens. Le natif du printemps est encore plus actif que le natif de l'automne qui a lui aussi besoin, en plus de ses nombreuses activités, davantage de sommeil que les autres... ce qui le calme un peu.

La manipulation. Ce que le natif du Noisetier veut, Dieu finit par le vouloir aussi car il est très tenace. Pour arriver à ses fins, il manipule car il aime bien choisir ! Il sait poser les bonnes questions et influencer les gens, et il ne se prive pas de ses talents. Comme enquêteur, il excellerait. Il en sait beaucoup sur les gens qui l'entourent. Il a une curiosité naturelle pour la nature humaine et, dès son jeune âge, il observe attentivement le comportement des gens autour de lui. Il n'a rien d'une victime et la situation dans laquelle il se trouve (son travail, sa vie familiale, ses amours) est toujours celle qu'il a choisie. Sa ténacité l'aide beaucoup à atteindre ses objectifs.

Une humeur changeante. On ne sait trop sur quel pied danser avec un Noisetier : un jour il est affable, gentil, prévenant ; le lendemain, il est fermé comme une huître. On dirait qu'il est influencé par des sources profondes qui sont très difficiles à voir. Le mieux, pour lui-même et pour les gens qu'il l'entourent, reste de ne pas s'en faire avec ces fluctuations. Ce sont des vagues : elles vont et viennent.

Un être charmant et charmeur. Tout le monde aime bien plaire, mais pour certaines personnes, c'est presque vital, cela les rassure profondément. Le Noisetier n'en est pas esclave, mais il y prend un grand plaisir. Il aime être entouré et fait en sorte d'avoir de bons amis. Le problème, c'est que souvent il manipule subtilement ses amis ; il essaie de leur faire faire ce qu'il désire. Toutefois, s'il s'aperçoit qu'il est allé trop loin avec quelqu'un, il fait attention par la suite. Sa curiosité et son charme l'aident beaucoup à cheminer dans la vie.

Un philosophe dans l'âme. Le natif du Noisetier aime apprendre, ce qui fait de lui un être curieux de tout. Il n'est pas égocentrique et s'intéresse vraiment à ce que les gens qu'il côtoie vivent. Il pose souvent un regard intéressant sur les situations, il voit des choses que l'on pourrait avoir tendance à ignorer. Il a une intelligence pleine de finesse, et il sait l'utiliser à bon escient. Il considère le présent (il a tout de même un bon sens pratique), mais sa nature profonde l'incite plutôt à voir à long terme. Il peut souvent aider ses proches à prendre la bonne direction. Il a aussi une forte capacité d'expression.

Le psychologue. Si chaque signe devait avoir son métier, celui du natif du Noisetier serait psychologue, car il voit le vrai et le faux, l'essentiel et le superflu, le bonheur et la douleur. Il détecte malgré lui les émotions profondes de ceux qui l'entourent. Évidemment, quand il s'agit de lui-même, il est souvent capable d'expliquer ce qu'il voit, mais cela est plus difficile à régler. Le temps l'aide beaucoup.

L'original. Le natif du Noisetier est original en ce sens qu'il n'a pas peur d'être lui-même. Il a un côté artiste. Il s'habille souvent d'une manière très personnelle ; il exprime une part de lui-même par son corps et par sa manière de se présenter aux autres.

Travail-action

Le natif du Noisetier est un être sociable qui a besoin de tranquillité. Il appréciera donc un travail qui lui permet à la fois de vivre en société, de rencontrer des gens, de discuter et de travailler seul à l'occasion. Il a une nature plutôt équilibrée malgré une forte originalité. Il gagnera à se tailler une place dans un milieu stable.

Énergie

L'énergie du Noisetier va en dents de scie. Dans les faits, elle est très forte. Si le natif est dans une situation extrême, s'il doit fournir un très grand effort pour terminer quelque chose ou s'il vit un moment dramatique qui draine son énergie, il pourra compter sur une grande énergie nerveuse. Il peut avoir des coups de fatigue, des périodes de vie durant lesquelles il doit dormir beaucoup pour refaire le plein d'énergie.

Amour-famille-amitié

Le Noisetier aime les émotions fortes autant qu'il a besoin d'une vie tranquille à la maison. Autrement dit, il vit des amours fous, des sentiments troubles, mais il s'associe plutôt à quelqu'un qui lui assurera un avenir d'émotions stables. En famille, il est très équilibré et il prend ses responsabilités au sérieux. Ce n'est pas un être volage, sauf peut-être dans ses amours de jeunesse. Ses amitiés sont aussi stables ; il les change une fois de temps en temps, le plus rarement possible. Dans sa famille de naissance, il éprouve souvent le besoin de prendre ses distances avec la fratrie ou ses parents ; c'est qu'il prend du temps à devenir vraiment lui-même. Si son milieu l'étouffe (à ses yeux), il s'éloigne.

Argent

Le natif du Noisetier prend l'argent pour ce qu'il est : un moyen et non un dieu. Il a un bon sens pratique et en a généralement assez pour vivre à l'aise. Dans les périodes moins faciles, il dépense moins, c'est tout. Sur ce plan, il ne carbure pas aux illusions. Le Noisetier est réputé être prospère, et cette prospérité est souvent le résultat d'une productivité régulière.

Noisetier-Bélier

Le Noisetier-Bélier hésite : sera-t-il dur, sans concession ou tendre et parfois même un peu mou ? Dans les faits, il adopte une attitude, puis l'autre, selon les circonstances. Cela dit, c'est un être très jovial qui aime les gens. Il a aussi un sens de l'initiative peu commun et adore mettre de nouveaux projets en route. Il va de l'avant.

Noisetier-Balance

Le Noisetier-Balance est avant tout équilibré. Il aime le calme et la tranquillité. C'est aussi un être qui ne trompe jamais qui que ce soit : il met l'intégrité et l'honnêteté au-dessus de tout, et s'y tient. Il ne juge pas les autres, mais vous ne le verrez jamais en compagnie de quelqu'un de retors. Très soucieux d'efficacité, il réussit là où il travaille. Il a aussi une patience d'ange, même s'il a une nature un peu inquiète. Il peut se révéler un fin stratège.

Le Sorbier, ou la productivité et la fertilité

(du 1er au 10 avril et du 4 au 13 octobre)

L'amabilité. Le natif du Sorbier est toujours quelqu'un de gentil. Bien sûr, avec le temps, vous saisirez mieux ses aspects cachés et vous comprendrez que, comme tout le monde, il a ses défauts, mais il restera gentil et compréhensif. Dans les faits, rien n'est plus difficile à vivre pour un natif du Sorbier qu'une situation où l'on est méchant avec lui, ou qu'une situation où il doit se défendre contre des gens malhonnêtes ou qui ne le respectent pas. Il éprouve un réel besoin d'harmonie. S'il peut lui arriver de dire quelque chose de méchant à quelqu'un, vous pouvez être assuré que cela lui a échappé ou que ce n'est pas ce qu'il voulait dire. Sa gentillesse lui sert aussi de monnaie d'échange. En effet, il n'aime pas trop la solitude et préfère qu'on s'occupe de lui. En étant attentif à l'autre, en faisant preuve de bonté, il s'assure de le garder auprès de lui.

Un raffiné. Le Sorbier est profondément raffiné. Il a en horreur la vulgarité et la violence. C'est aussi un être qui a bon goût et qui aime s'entourer de belles choses. Il vit généralement dans un bel environnement. Il est souvent très cultivé, aime lire et en connaître davantage sur le monde qui l'entoure. Il est très attiré par ce qui est étranger, par ce qui vient de loin. Il a un penchant pour les pays exotiques et les gens qui savent lui faire voir le monde autrement.

L'artiste. Il est souvent un artiste dans l'âme, et s'il peut l'être vraiment, ce sera tant mieux pour lui car il trouvera dans le processus créateur beaucoup de joies. Il a toujours bon goût, il aime ce qui est neuf et harmonieux. S'il ne crée pas lui-même, il se passionnera pour certains arts.

Le réservé. Le natif ne se livre pas facilement ; il a des secrets. Il est d'apparence sociable. Dans les faits, il est un peu déchiré quand vient le temps de savoir jusqu'à quel point il peut communiquer ce qu'il est vraiment. D'une part, il aime bien les mondanités, les soirées où l'on parle de tout et de rien ; d'autre part, il s'ennuie vite dans ces lieux superficiels. C'est un peu comme s'il se sentait attiré par certaines situations qui, en réalité, l'ennuient complètement. Il est réservé, mais il peut se confier quand il se sent vraiment en confiance. Pour cela, il ne faut pas le pousser, il vaut mieux l'attendre, l'accueillir et le laisser parler de ce qu'il veut sans lui poser de questions sur ce qu'il tait. Il s'ouvre mais lentement.

La fierté. Sous des airs humbles, gentils, simples, avenants, le natif du Sorbier cache un orgueil fou qu'il ne faut jamais blesser. Comme il a de la mémoire, il se vengerait s'il sentait qu'on ne l'a pas pleinement respecté. La fierté, il la porte à la fois comme une qualité et comme un défaut. Il peut à l'occasion sembler un peu imbu de lui-même, c'est qu'il a un grand besoin d'être valorisé et reconnu.

La sensibilité. Le Sorbier est un grand sensible ; non pas qu'il pleure pour rien, mais plutôt qu'il ressent tout. Si quelqu'un n'est pas complètement de son côté, il le sent, il le sait. Sa sensibilité est si vive que lorsque les années passent, il est souvent tenté de se retirer un peu du monde actif. Dans les faits, il doit limiter un peu ses interactions avec les gens, car il les vit très profondément. Autrement dit, il trouve son bonheur dans un cercle assez restreint de proches.

L'égocentrisme. Le Sorbier est fortement individualiste, voire souvent égocentrique. Il ramène facilement tout à lui-même et s'inquiète généralement beaucoup moins des autres que de lui-même. Bien sûr, s'il est parent, c'est différent. D'ailleurs, sa personnalité s'enrichit beaucoup au contact de ses enfants, car il reste candide et aime continuer à apprendre. Le natif qui n'a pas d'enfants aura avantage, s'il souhaite se libérer de son égocentrisme naturel, à se donner à une cause, à rechercher les situations où il peut être utile aux autres.

L'éternel enfant. Le natif du Sorbier aime qu'on s'occupe de lui, qu'on le soigne à l'occasion. Il est lent à développer son indépendance, surtout s'il est un homme. Mais qu'il soit d'un sexe ou de l'autre, il appréciera toujours un geste fait pour le rassurer ou pour lui faire plaisir. Il reste toute sa vie jeune de cœur ; il conserve un côté candide qui lui va d'ailleurs très bien.

Travail-action

Le natif du Sorbier est généralement habile de ses mains. Il aime les travaux manuels, même s'il est intellectuel. Il possède plusieurs talents, ce qui rend parfois difficile son choix de carrière. Étant émotif et sensible, il sera plus à l'aise dans un milieu rassurant et sécurisant.

Énergie

Son énergie est avant tout nerveuse, mais elle est bonne. Il est naturellement sportif. S'il ne pratique aucune activité physique, c'est qu'il n'est pas tout à fait bien dans sa peau.

Amour-famille-amitié

Le Sorbier apprécie avant tout l'harmonie ; elle est d'ailleurs nécessaire à son équilibre intérieur. Il est stable dans ses choix. Il est loyal, mais il reste avant tout loyal à lui-même. Il conserve ses amitiés toute sa vie. Il a l'esprit de famille. Il a du flair pour comprendre les rouages de l'éducation et adore avoir une famille sinon nombreuse, du moins unie. Il a l'esprit de clan et aime les enfants.

Argent

Sans manquer d'argent, le natif peut s'inquiéter en imaginant qu'il n'en aura pas assez. C'est parfois d'ailleurs ce qui peut le rendre moins généreux qu'il ne l'est en réalité. Il s'assure d'en avoir toujours assez et s'inquiète à l'idée d'en manquer. Toute sa vie, il traverse des périodes d'insécurité qui ne se trouvent souvent que dans sa tête.

Sorbier-Bélier

Le Sorbier-Bélier ne s'occupe pas de ce que pensent les gens de son entourage. Ce n'est pas à proprement parler de l'égoïsme ; c'est sa nature vive et enthousiaste qui est à l'œuvre. Il a toujours de bonnes idées et est créatif. Il invente et réinvente la vie tous les jours. On ne s'ennuie jamais avec lui.

Sorbier-Balance

Le Sorbier-Balance met au-dessus de tout la justice. Jamais vous ne le verrez profiter d'une situation aux dépens de quelqu'un d'autre. Il est aussi très prudent, parfois trop. Il peut sembler hésitant et l'être dans les faits un peu. Pourtant, quand il prend une décision, il n'en change plus. Au fond, discrètement, il fait son chemin. C'est un être d'une rare gentillesse et très loyal envers ceux qu'il aime.

L'Érable, ou la combativité et l'ardeur

(du 11 au 20 avril et du 14 au 23 octobre)

Un réservé à l'écoute. Le natif de l'Érable est souvent assez réservé, il est même parfois timide ; toutefois, il aime beaucoup les gens et apprécie au plus haut point le fait de sortir. Résultat ? Il fait un excellent confident.

Le travail. Si le natif de l'Érable ne possédait qu'une seule qualité, ce serait l'assiduité dans ses activités. Il peut être rêveur, mais il compte bien réaliser ses rêves et, pour ce faire, il agit. C'est un actif, une abeille ; du matin au soir, vous le verrez s'affairer. Qu'il y ait du brouhaha autour de lui ou encore que ce soit calme, peu lui importe : il agit, il se donne à 100 % dans ses activités. Pour cette raison, il réussit souvent sa vie professionnelle. Il grimpe les échelons un à un, il ne compte jamais sur la chance ou l'inspiration, mais sur sa discipline.

La résistance. Le natif de l'Érable présente un abord sympathique ; on se lie facilement d'amitié avec lui. À première vue, il a l'air tout à fait simple, ce qu'il est en réalité, mais il n'a pas une simplicité enfantine ou dépourvue d'ambition. Il est en fait un être qui résiste à tout, qui a une force incroyable mais discrète. C'est un coureur de fond, c'est quelqu'un chez qui vous découvrez un second souffle. S'il ne connaît pas un sujet, sachez qu'il s'informera et il en connaîtra plus que bien des gens autour de lui. Il n'a pas vraiment une nature d'intellectuel. Sa résistance est avant tout physique et émotionnelle. Cela dit, il aime bien réfléchir et penser tout haut au sens de la vie. On peut avec ce natif avoir bien des discussions sur l'avenir de la planète.

L'aventure. La vie de ce natif n'a rien d'ennuyant. Il aime explorer. Il ne choisit rien de facile. Il prend le chemin qui lui tente et ne se demande pas s'il est balisé, si d'autres avant lui l'ont emprunté. Très individualiste, il aime bien être le seul capitaine de son bateau et s'il a le sentiment d'inventer, d'innover, de parcourir un chemin peu fréquenté, il est d'autant plus heureux. Il est aventurier tant dans sa vie professionnelle que dans sa vie intime. Quand il opte pour une voie, il s'y donne complètement et ne recule plus. Ses choix sont souvent avant-gardistes.

De l'esprit. Le natif de l'Érable a un humour discret et beaucoup d'esprit. Il voit bien ce qui se passe autour de lui et ne se laisse jamais berner par les gens. Il est fin psychologue, en ce sens qu'il peut diagnostiquer les gens, comprendre leurs façons d'agir.

Du style. Mine de rien, le natif de l'Érable a toujours un style personnel. Étant par ailleurs assez conservateur, il a aussi le sens des convenances et sait toujours comment agir à tel ou tel moment. Par exemple, sa tenue vestimentaire est toujours en accord avec ce qu'il fait. Il s'exprime par son style, tout en conservant souvent un côté classique.

La sociabilité. Même s'il travaille seul, même s'il aime bien diriger son bateau, il est sociable et apprécie beaucoup la compagnie des gens. C'est un être ouvert, à qui on se confie facilement et qui reste toujours digne de la confiance qu'on lui fait. Il est un bon ami, mais les années peuvent l'éloigner de certaines personnes. En fait, il est si occupé (s'il est vraiment lui-même) qu'il a peu de temps à consacrer au passé. Ses amis sont ceux qu'il côtoie quotidiennement.

La révolte. Le natif de l'Érable peut être vraiment choqué par les inégalités sociales. Il est souvent politisé. Il n'accepte pas les injustices comme des signes de la nature des choses. Il se révolte aussi s'il en subit. Il a un grand sens de l'équité et voudrait bien que tout le monde ait le même.

Travail-action

Le natif de l'Érable est un grand travailleur; c'est une valeur de base pour lui. Il a peu confiance en la chance, il compte avant tout sur l'effort régulier et soutenu. Aucun obstacle ne lui résiste, il a du front si nécessaire, et il est d'une combativité à toute épreuve.

Énergie

Le natif est infatigable, mais il doit impérativement apprendre à s'arrêter périodiquement. Son énergie est généralement très bonne. Le seul problème est qu'il est si enthousiaste qu'il peut ignorer les signes d'essoufflement.

Amour-famille-amitié

Le natif de l'Érable est un grand passionné, et il est souvent un peu compliqué. On ne le remarque pas tout de suite, mais il prend la vie du cœur très au sérieux. S'il est blessé en amour, il en souffre énormément. Une fois qu'il a trouvé son partenaire de vie, le natif est stable, mais il s'ennuie parfois. Cela dit, il est loyal. En famille, il est très responsable. Ses enfants sont de l'or pour lui. Ses amitiés sont bonnes, mais elles se vivent au présent. Il peut changer d'amis s'il change de milieu de vie.

Argent

Même s'il gagne assez peu d'argent, le natif de l'Érable est capable d'économiser. Il n'est pas dépensier ou, s'il l'est, c'est qu'il sait qu'il sera capable d'en gagner assez pour ne pas souffrir de ses folies. Il est généreux, à moins de vouloir économiser pour une grosse dépense. Il fait preuve d'un bon équilibre.

Érable-Bélier

L'Érable-Bélier peut convaincre n'importe qui de n'importe quoi, car il a une force de persuasion peu commune. Très enthousiaste et même carrément amoureux de la vie, il adore la nouveauté et même les problèmes. Il n'a pas un caractère obstiné ; il mord plutôt dans la vie avec un plaisir qui se renouvelle tous les jours. Quand il est affligé, il faut tout de même le prendre par la main, tout en sachant qu'il se remettra bien vite à courir. C'est une nature fondamentalement active.

Érable-Balance

L'Érable-Balance aime bien la solitude. Il a une nature tendre et douce, mais au fond, c'est un être très déterminé à obtenir ce qu'il veut. Sous un dehors tranquille et parfois même pessimiste, il cache une volonté de fer. Il est toujours d'une exquise politesse.

Érable-Scorpion

La personne née un 21, 22, 23 ou 24 octobre peut être considérée comme un Scorpion. L'Érable-Scorpion a une nature très surprenante, un peu contradictoire : d'une part, l'équilibre, d'autre part, la passion. Ce natif est profondément créateur ; c'est là en tout cas qu'il trouvera sa véritable identité. Sa lucidité est surprenante; il doit simplement faire attention de ne pas trop croire à ses idées noires. Il est à la fois introverti et sociable. Sa résistance est à toute épreuve.

Le Noyer, ou le charisme et le mystère

(du 21 avril au 30 avril et du 24 octobre au 2 novembre)

Le réalisme. Le natif du Noyer est un être profondément réaliste qui ne se prive pas pour autant de rêver et de réaliser ses rêves. Il sait que tout se paie ; on dirait qu'il vient au monde avec cette certitude. Cela ne le rend pas pessimiste, acerbe, sombre, cela ouvre plutôt son esprit sur une connaissance simple mais toujours utile : lorsque l'on souhaite quelque chose, il faut agir de manière à l'obtenir. Muni de cette profonde certitude, le natif a en main un merveilleux outil de réalisation.

La simplicité. Le natif du Noyer aime la vie dans ce qu'elle a de plus simple. Il est souvent casanier, il a un côté propriétaire. Pour vivre des jours heureux, il a besoin d'aimer, d'être aimé et de prendre soin de ses proches. Le reste serait à la limite superflu, sauf qu'il préfère se réaliser dans son travail. Il est très malheureux dans toute situation dramatique ou même simplement un peu ordinaire. Ce n'est pas un être qui aime le faste, mais il apprécie tout de même beaucoup le confort.

La réserve. Le natif du Noyer peut avoir l'air timide ou, au contraire, sembler extravagant. Le supposé timide est simplement d'un naturel assez réservé et il n'a pas tendance à confier ses difficultés au premier venu. Même dans son intimité, il préfère taire ses problèmes, et la personne qui l'aime doit avoir l'oreille fine et une grande attention pour voir ce qui va moins bien. Il est d'une exquise politesse. Il ne veut ennuyer personne avec ce qui le perturbe, si bien que parfois il oublie qu'une peine ou un problème partagé peuvent trouver leur solution. Le supposé extravagant, quant à lui, est simplement imaginatif et ouvert qui dit ce qu'il croit au moment où il le croit. En réalité, sur ses sentiments profonds, le natif aime bien cultiver un certain mystère. Il attire d'ailleurs les gens grâce à sa réserve naturelle.

La rusticité sensuelle. Le natif du Noyer a un côté campagnard; il ne manque pas de finesse, mais il est en contact étroit avec ce qui est naturel, ce qui vient des sens. Il adore bien manger et bien boire. C'est un bon vivant.

Le calcul. Le natif du Noyer adore calculer et s'en tire donc généralement très bien du point de vue de ses finances. Il pourra avoir des dettes, mais c'est parce qu'il est en train de monter une affaire. En réalité, un projet n'attend souvent pas l'autre : il aime investir et s'investir. Le calcul est pour lui un jeu.

L'art de concilier. N'attendez pas que le natif du Noyer vous juge ou vous fasse la morale, ça ne l'intéresse pas. Il n'en a rien à faire si vous n'êtes pas parfaitement intègre ; il en sera peut-être même assez admiratif. Il accepte les gens pour ce qu'ils sont, avec leurs défauts et leurs qualités. Étant de nature profondément réaliste, il ne s'illusionne pas sur les gens. Ou s'il le fait, il le sait et n'en est pas dupe longtemps. Il comprend les gens.

L'esprit de famille. Étant de nature épicurien et généreux (même s'il est fort en calcul), le natif donne priorité avant tout à la sécurité de ses proches. Il lui importe que ceux qu'il aime ne manquent de rien ; quant aux autres, franchement, il s'en moque. Avec sa famille, c'est une perle, quelqu'un qui pardonne tout. Assez individualiste en société, il est tout le contraire dans sa vie privée.

Le soutien. Une fois qu'il a donné sa confiance, le natif du Noyer ne la retire pas. On peut compter sur lui. Une fois qu'il s'est engagé dans un projet, il prend ses responsabilités et n'abandonne jamais la partie. Si l'on est son associé, on est assuré de ne pas être trompé.

L'ambition. Le natif du Noyer est loin d'être dépourvu d'ambition. Il souhaite réussir et prend les moyens pour réaliser ses rêves. Il analyse chaque situation dans une perspective à long terme et n'a pas tendance à gaspiller son temps, son argent ou son énergie. C'est un être responsable, mais c'est aussi quelqu'un qui a une très forte volonté. Celui qui n'est pas de son côté aura intérêt à fuir ou à être prêt à se battre, car on ne gagne pas facilement contre un natif du Noyer; il vaut mieux l'avoir de son côté.

Travail-action

Le natif du Noyer ne manque ni de discipline ni d'ambition, ce qui le sert dans ses activités professionnelles. Il grimpe lentement mais sûrement les échelons qui le mènent là où il souhaite aller.

Énergie

Son énergie provient entièrement de la nature; il a un réel besoin de se ressourcer physiquement à son contact. C'est un être profondément physique.

Amour-famille-amitié

Le natif recherche avant tout la stabilité et la loyauté. Il n'abandonne jamais ceux qu'il aime et a un grand sens familial. S'il est individualiste dans ses activités professionnelles, il ne l'est absolument pas en famille. En amour, il est aussi sentimental que sensuel, ce qui en fait un très bon partenaire. Il sait aussi écouter. Il dégage un très fort charisme.

Argent

Pour le natif du Noyer, l'argent est utile au confort ; il sert à être dépensé, et non à être gaspillé. Il aime le confort, il fait tout pour se l'assurer. Ses ambitions ne vont pas forcément dans le sens de gains financiers, mais il semble souvent que la chance lui sourit en ce domaine.

Noyer-Taureau

Le Noyer-Taureau adore la vie de famille, son clan. Il met l'intimité au-dessus de tout, ce qui ne l'empêche pas de travailler fort à l'atteinte de ses objectifs. Sous des dehors doux se cache un être volontaire. On ne le voit pas venir, mais on n'a pas à s'en méfier car il est profondément bon. Il aime le confort et un certain luxe.

Noyer-Scorpion

Le Noyer-Scorpion adore transformer ce qui l'entoure : les gens comme les choses. Lui-même change beaucoup au cours de sa vie. Il est carrément magnétique et reste mystérieux même à ceux qui le connaissent bien. Un jour, il est là ; le lendemain, il n'y est plus. Il ne faut s'étonner de rien ou plutôt il faut aimer être étonné et surpris pour vivre auprès d'une telle nature. C'est quelqu'un de très sensuel.

Le Peuplier, ou le courage

(du 1er au 14 mai, du 5 au 13 août et du 4 au 8 février)

Le pessimisme. Le natif du Peuplier est un réaliste à tendance pessimiste. Il n'est pas sombre ou dépressif, mais étant donné qu'il se trouve en contact étroit avec le réel, cela le rend forcément un peu pessimiste. Il ne se plaint pas tout le temps, mais il reste souvent un peu méfiant à l'égard du futur et même des gens qu'il côtoie. Pour fuir ce pessimisme, le meilleur outil est sa capacité de s'enthousiasmer pour des projets. Plus il a d'idées en tête, plus il doit travailler à les réaliser, mieux il sera dans sa peau. Laissez-le à rien faire et vous verrez qu'il est sombre. Proposez-lui de repeindre le salon quand il s'ennuiera. Par ailleurs, il a de l'humour et il vous fera rire.

La sensibilité discrète. Le natif du Peuplier, un être sensible, est facilement touché par les remarques des gens, mais il fait semblant de ne pas l'être. Le problème est qu'il a de la mémoire et qu'il se souvient toujours d'avoir été blessé. De plus, il semble au-dessus de ses affaires et très en contrôle de ses sentiments. Il faut donc mettre des gants blancs pour ne pas le heurter.

L'autonomie paisible. Le natif du Peuplier a besoin de se sentir libre tout en sachant que des gens qui l'aiment ne sont pas loin. Il préfère être indépendant dans son travail et supporte assez mal les patrons paternalistes ou qui posent des questions trop fréquemment. Il faut lui donner de l'espace, de l'air, tant dans l'intimité que dans sa vie professionnelle. Il est aussi assez indépendant d'esprit. Il se fait des idées sur les choses, il adopte des opinions personnelles et n'en démord pas même si tout le monde est contre lui. Il se sent solide après avoir réfléchi sur une question. Le natif ne se laisse pas facilement influencer.

La solidité. Le peuplier ne rompt pas, dit-on. C'est bien là la principale qualité de ce natif. Quelle que soit l'épreuve, il va son petit bonhomme de chemin et arrive à ses fins. De nature droite, il atteint ses objectifs parce qu'il y tient.

La contemplation. Le natif du Peuplier réfléchit beaucoup même s'il ne manque pas de goût pour l'action. Pour être bien dans sa peau, il doit garder du temps pour flâner, se promener, observer, regarder, écouter... C'est ainsi qu'il se ressource et qu'il peut ensuite donner le meilleur de lui-même.

La nécessaire tranquillité. Le natif est énergique, mais cette énergie s'épuise vite s'il manque de tranquillité, si on lui en demande trop. Il apprend, surtout avec les années, à quel point il a besoin de vivre dans un environnement paisible. Il ne déteste pas la solitude, mais ce qu'il préfère c'est d'être seul dans une pièce de la maison tout en sachant que ceux qu'il aime ne sont pas loin. Il adore la vie à deux.

La recherche de la stabilité. La stabilité reste de première importance pour le natif du Peuplier. Il pourra commencer à penser au bonheur seulement lorsqu'il aura trouvé une stabilité émotive ainsi que dans ses activités et son foyer. Les gens nés sous ce signe font de bons propriétaires terriens.

La responsabilité. C'est peut-être là une des valeurs les plus fondamentales de ce natif, mais il ne se sent responsable que des gens dont il a la vraie responsabilité : ses enfants et son partenaire de vie. Son cercle est restreint. Les autres, il les aime bien, mais il ne s'en fait pas trop avec leur bonheur et leur bien-être. S'il accepte la responsabilité d'un travail, d'une activité, vous pouvez être sûr qu'il n'abandonnera pas la partie en cours de route.

Travail-action

On trouve chez ce natif un grand sens des responsabilités, un certain conformisme, le désir de se réaliser. Il travaille fort pour atteindre ses objectifs et ne se laisse pas démonter par les obstacles, car, dit-il, ils font partie de la vie.

Énergie

Son énergie est bonne, sans plus. Aussi, il doit surtout bien manger, bien boire, bien dormir pour être en forme. Étant assez conformiste de nature, il n'a pas tendance à aller au-delà de ses capacités et à abuser de substances mauvaises, ce qui préserve tout de même sa santé.

Amour-famille-amitié

Le natif du Peuplier prend l'amour très au sérieux. Il est aimant, il aime aimer, il aime être aimé. Il se plaît à vivre à deux. En famille, il est stable et responsable. Il conserve un côté jeune longtemps et peut rester marqué plus longtemps que d'autres par son enfance. Il a un bon sens de l'amitié.

Argent

Rares sont les natifs du Peuplier dépensiers. Cela peut arriver, mais ce n'est pas habituel. Généralement, ils ont un bon rapport avec l'argent. Cela dit, ils auront avantage à investir dans l'immobilier car il semble qu'ils aient du talent dans ce domaine.

Peuplier-Taureau

Le Peuplier-Taureau est avant tout un amoureux de la nature; il vit bien quand il est en communion avec elle. Il adore transformer les objets; c'est un créateur. Il a souvent des capacités manuelles étonnantes. Toujours actif, il n'est pas reposant pour son entourage. Il est fidèle et constant dans ses relations. Il peut être buté et refuser d'oublier le passé. Il lui arrive de s'embourber dans des problèmes qui ne devraient plus le toucher. Sa mémoire est infaillible.

Peuplier-Lion

Le Peuplier-Lion est un être unique et toujours surprenant. Il a des ailes et celles-ci le mènent là où il le souhaite. Il est toujours affable avec les gens qu'il côtoie, ce qui ne l'empêche pas de savoir très bien ce qu'il veut et d'être d'une étonnante lucidité. Il a une grande ouverture d'esprit. Il peut aussi se remettre en question. S'il a l'air timide, c'est qu'il est délicat.

Peuplier-Verseau

Le Peuplier-Verseau est à la fois réaliste et concret, rêveur et vagabond. Il est en réalité indéfinissable. Un jour, il souhaite ceci, le lendemain, cela. Pourtant, il n'a rien d'un enfant gâté; c'est simplement qu'il sent et ressent ce qui se passe autour de lui avec une très grande acuité. Très sensible, on ne le trompe pas, mais il ne met jamais les gens au pied du mur. Il possède une grandeur d'esprit et de cœur.

Le Châtaigner, ou la prévoyance

(du 15 au 24 mai et du 12 au 21 novembre)

La fiabilité. Le natif du Châtaigner a le souci de bien faire, sans être perfectionniste, et d'agir au meilleur de ses connaissances. Son respect naturel pour les gens en fait quelqu'un de fiable, sur qui l'on peut compter. Il ne fera pas faux bond s'il s'associe à quelqu'un, s'il prend un engagement; on peut être assuré qu'il ira jusqu'au bout. On peut également se fier aux informations qu'il donne car il n'a pas l'habitude de dire du mal des gens, à moins qu'ils n'aient été trop loin. Le Châtaigner est stable et ne change pas d'avis pour un oui ou pour un non; c'est encore une raison pour lui faire confiance.

La solitude. Le natif du Châtaigner a un petit côté solitaire. Il peut très bien vivre en couple ou aimer sortir souvent, il doit néanmoins s'assurer d'avoir un territoire à lui, de vivre des moments de tranquillité. S'il a une famille nombreuse, son travail pourra, par exemple, se faire dans la solitude. S'il vit dans la tranquillité, ses activités professionnelles pourront comprendre une part plus sociale. Il n'est pas entièrement solitaire, mais il a besoin de s'isoler périodiquement (et même un peu plus que la plupart des gens) et de ne pas subir l'influence des autres à tout moment. Étant plutôt individualiste, il ne souffre pas de se trouver seul, bien au contraire.

La justesse et la justice. Le Châtaigner est épris d'égalité et de justice. Il ne descend pas forcément dans la rue pour manifester, mais lorsqu'il se prononce sur une question, lorsqu'il émet son opinion, il est toujours attentif à ne pas ternir la réputation des gens en disant n'importe quoi. Le natif est réfléchi, il aime analyser, se questionner, prendre position, trouver des façons nouvelles d'envisager les choses. Il est curieux et il cherche à agir avec le plus de justesse possible.

Un côté soupe au lait. Le natif n'a pas toujours bon caractère. Il ne réagira pas forcément très froidement ou fortement, mais quelque chose en lui se rebelle quand il n'est pas d'accord avec une situation. Il laisse aussi parfois les insatisfactions s'accumuler, puis il éclate, affirmant que rien ne va plus. Ayant une grande sensibilité et faisant preuve de clairvoyance, il reste conscient de ce qui se passe autour de lui, mais il a tendance à faire l'autruche, puis, un beau jour, il se met à s'énerver.

Un être d'habitudes. Le natif du Châtaigner est plus à l'aise dans un environnement qu'il maîtrise et des circonstances qui ne le surprennent pas trop. Il aime bien le quotidien, il apprécie les gestes qui se répètent ; c'est pourquoi nous pourrions le qualifier d'être d'habitudes. Certains natifs aiment voyager, mais en général, ils préfèrent ce qui ne les dépayse pas trop.

La philosophie. Le natif du Châtaignier a un côté philosophe. En effet, il adore s'interroger sur le sens de la vie et en discuter avec ses amis. D'ailleurs, il a beau être solitaire, il reste sociable, en particulier si on lui promet une soirée entre copains. Le natif a des principes qu'il défend avec cœur. Il respecte la profondeur, l'honnêteté et se trouve peu attiré par des gens n'ayant pas de principes de vie qui ressemblent aux siens. Il aime bien le jeu mental de la discussion et s'amuse beaucoup en compagnie de gens qui ont la même facilité que lui à s'exprimer.

Un certain conformisme. Pour le natif du Châtaigner, le paraître compte beaucoup. Même si cela ne régit pas toute sa vie, il continue d'être lui-même. Toutefois, il peut très bien agir dans le but de faire gagner les apparences. Il se plie assez facilement aux exigences de son entourage, même si celles-ci lui semblent farfelues. Il pourrait aussi écrire un livre sur les bonnes manières tant il les connaît par cœur.

Le casanier. Le natif est profondément casanier. Il aime bien sortir, il peut adorer faire une randonnée, mais il ressent ses plus grands sentiments de plénitude quand il est chez lui dans un environnement familier. Il a toujours intérêt à se faire un nid qui lui plaît, car c'est là qu'il trouve la meilleure part de son bonheur.

De timide à affirmé. Le natif du Châtaigner change beaucoup au cours de sa vie. S'il est plutôt timide quand il est jeune, il s'affirme de plus en plus à mesure que le temps passe et qu'il acquiert de l'expérience. Si on l'observe longuement, on comprend qu'au fond il sait très bien ce qu'il veut et qu'il prend les moyens pour y arriver.

La volonté. C'est peut-être au fond une des principales caractéristiques de ce natif. En effet, sous des airs doux et tendres, il cache une volonté à toute épreuve. Quand il se fixe un objectif, il comprend très bien que cela implique des actions spécifiques et des sacrifices. Conscient de la réalité des choses, il va vers ce qu'il veut en contournant les obstacles avec grâce.

Travail-action

Le natif du Châtaigner est un travailleur consciencieux. S'il était très riche, il ne travaillerait peut-être pas, car il aime bien ne pas subir trop de pression. Étant assez indépendant, il est plus à l'aise s'il travaille à son compte, s'il est maître de ses activités. Plutôt discipliné sans être austère, il occupe bien son temps. C'est quelqu'un d'actif qui aime bien la contemplation. Il apprécie la détente et n'a pas besoin d'être toujours en action.

Énergie

Le natif du Châtaigner se ressource bien dans la nature. Il adore la marche. Bien qu'il aime ne rien faire, il retrouve pourtant son énergie en faisant du sport ou des exercices physiques.

Amour-famille-amitié

Le natif est aimant et chaleureux. Il peut essayer de le cacher en raison d'une certaine timidité, mais la force de ses sentiments finit toujours par émerger. Il est très loyal. Si l'amour est partagé, on peut être assuré qu'il durera, car il n'est pas du genre instable. Il a souvent assez peu d'idées toutes faites sur le genre de famille qu'il voudrait fonder ; dans les faits, c'est généralement son partenaire qui choisit le type de famille qu'ils fonderont. Son sens de l'amitié est fort. Il aime bien les retrouvailles périodiques, à condition qu'on n'envahisse pas son territoire.

Argent

Peut-on être à la fois économe et généreux? Si c'est possible, le Châtaigner y arrivera. Il déteste les dettes et, pour cette raison, il n'a pas tendance à dépenser ce qu'il n'a pas encore gagné. Il ne manque pas de générosité si un proche nécessite un coup de main. Il ne dépense pas beaucoup pour lui-même. Il choisit ses priorités et s'y tient. S'il a de grands besoins, il s'arrange pour les satisfaire, ce qui n'arrive pas très souvent. Le faste ne l'attire pas beaucoup, mais il aime tout de même ce qui est de qualité.

Châtaigner-Taureau

Le Châtaigner-Taureau est souvent un être charmant. Sous des dehors tranquilles, il peut cacher une certaine nervosité. S'il peut parfois avoir l'air de ne pas savoir ce qu'il veut, détrompez-vous, c'est une nature profondément réaliste. Ce signe est à la fois très sensuel en amour et très stable: il est d'une honnêteté rare quand il s'agit de sa vie de couple. Il peut être un peu entêté et avoir des idées toutes faites. Il est plutôt conservateur.

Châtaigner-Gémeaux

Le Châtaigner-Gémeaux a à la fois un petit côté campagnard et intellectuel. S'il peut faire place à ces deux tendances de sa personnalité, il sera heureux. Il est très intuitif. Plutôt généreux, il calcule tout de même. S'il voit qu'il ne reçoit pas ce qu'il donne, il se fâche. Il garde ses amis longtemps. Sous des dehors qui peuvent sembler calmes se cache une grande nervosité.

Châtaigner-Scorpion

On trouve peu de conformistes chez les natifs du Châtaigner-Scorpion, car ils ne supportent pas l'idée de mener une vie ordinaire et tranquille. Ces personnes sont passionnées en amour comme dans leurs activités. Elles aiment avec une grande intensité; au fond, elles cherchent l'extase. Elles ont des antennes et sentent tout ce qui se passe autour d'elles; on ne peut rien leur cacher.

Le Frêne, ou l'appel du monde

(du 25 mai au 3 juin et du 22 novembre au 1er décembre)

La vivacité. Si le natif du Frêne ne possédait qu'une qualité, ce serait la vivacité. Il réagit rapidement en toutes circonstances car il a non seulement l'esprit sportif, mais également le corps sportif. Souvent en forme, il se remet vite de tout échec et donne la priorité à l'action car elle lui est naturelle. Pour lui, la vie est un jeu. Il adore prendre des initiatives. Les obstacles ne le rebutent pas ou ne l'effraient pas ; ils le stimulent. Il est également vif d'esprit : il comprend toujours ce que les gens autour de lui mijotent, on ne peut pas lui cacher grand-chose. Parfois, il peut manquer de cœur tant il comprend par la tête.

L'exigence. Étant actif, rarement affaibli, toujours stimulé par l'action, le natif du Frêne peut devenir plus exigeant que la moyenne des gens. Dans les faits, il est d'abord exigeant avec lui-même, car il n'a pas tendance à se satisfaire de trop peu. De plus, il adore se dépasser, aller plus loin, apprendre. Toutefois, il peut développer une tendance à ne jamais être content de ce qu'il accomplit et il vaut mieux qu'il apprenne à ne pas trop s'observer. Il est également exigeant avec les autres. Il se demande beaucoup et il en demande beaucoup aux gens qu'il côtoie. Il ne se satisfait pas de peu.

La volonté. Le natif du Frêne adore exercer sa volonté, avoir l'impression de maîtriser ce qui l'entoure. Cela dit, il ne s'agit pas de quelqu'un qui souhaite contrôler les autres, mais plutôt de quelqu'un qui aime faire son propre chemin afin d'être maître de sa destinée. Les défis représentent son pain quotidien. Quand il a peu de prise sur sa vie, il se trouve bien malheureux. Il aime prendre des décisions, mais il peut être divisé intérieurement entre deux choix. Sa volonté s'exerce bien dans ses activités professionnelles.

L'indépendance. Le natif est indépendant; il tolère vraiment mal qu'on essaie de l'influencer ou, pire, qu'on lui donne des ordres. Il préfère prendre ses décisions par lui-même. Il peut même s'isoler à cause de son indépendance un peu trop grande. Bien qu'il ne se plaigne pas, s'il fait un faux pas, il se relèvera et n'en parlera pas.

La liberté. Le natif a soif de liberté; cela découle de son indépendance. Il la fait souvent passer avant tout. Ne supportant pas les contraintes, il s'en crée parfois d'autres à son insu. Son désir de liberté peut lui jouer des tours. Malgré tout, il s'organise pour faire ce qu'il veut.

Entre l'égoïsme et la générosité. Le natif du Frêne est expansif, ouvert et généreux. Il est d'ailleurs souvent peu économe et avec le temps, il doit apprendre à gérer ses avoirs ou à les confier à une personne qui l'obligera à un peu de discipline. Il a le cœur sur la main; si vous avez un besoin, vous pouvez toujours lui demander sans risque qu'il vous réponde non. Par certains côtés, ce natif est également égoïste; il pense que le temps est très précieux et il refuse qu'on lui en fasse perdre. Parfois aussi, il donne ou acquiesce à une demande, puis il le regrette. Mais comme il est philosophe, il s'accommode bien de ses défauts.

La curiosité. Le natif du Frêne aime apprendre et il le fait si possible tous les jours. Il peut changer de métier à quelques reprises dans sa vie; il ne craint absolument pas de recommencer au bas de l'échelle. Parfois même, on dirait qu'il en fait un jeu. Sa curiosité l'incite aussi souvent aux voyages; certains natifs les aiment longs, d'autres courts, mais tous aiment quitter leur environnement familier assez régulièrement. C'est leur façon de se ressourcer.

Travail-action

Le natif a confiance en lui, il sait ce qu'il veut; c'est pourquoi il réussit généralement bien sa vie professionnelle. En fait, il la choisit. Actif et curieux, il est aussi un bohème qui vit au jour le jour. Il peut créer son emploi ou travailler pour une autre personne, c'est selon les circonstances et ses goûts. Une chose est sûre, il ne restera pas là où il n'est pas heureux.

Énergie

Le natif du Frêne est considéré comme un bon vivant, bien dans sa peau, parfois un peu enveloppé (mais à peine). Il aime la bonne chère. S'il se fatigue, une nuit de sommeil le remettra vite sur pied. Il récupère bien.

Amour-famille-amitié

En amour, le natif est constant, fidèle et loyal. Ses amours ont quelque chose d'amical. Il est avant tout préoccupé par son bonheur qu'il trouve souvent dans une heureuse intimité. Cependant, il ne reste pas là où c'est triste. Il a quelques bons amis qu'il compte sur les doigts d'une main et qu'il garde longtemps.

Argent

On trouve des natifs du Frêne dépensiers et d'autres moins. Une chose est sûre : ils n'économisent pas en se privant d'être généreux. À la limite, ceux qui aiment bien compter courent les soldes. En fait, ils n'aiment pas se faire avoir, c'est ce qui les rend économes. Leur bonheur n'est pas matériel, ce qui ne les empêche pas d'aimer la belle vie.

Frêne-Gémeaux

Très innovateur, le Frêne-Gémeaux réussit souvent bien sa vie grâce à sa capacité de se tourner vers le futur. Il a tout de même une personnalité assez discrète et, surtout, il est toujours très poli. Son intelligence est vive; on dirait parfois que les fées lui ont donné un peu plus de talent que les autres. Il a un grand besoin d'être aimé, mais il ne le dira pas.

Frêne-Sagittaire

Le Frêne-Sagittaire s'adapte à toutes sortes de situations. Il adore apprendre. S'il doit s'habituer à quelque chose de neuf, il s'enthousiasmera. Sa sensibilité est moyenne et son énergie forte. Si l'on va contre ses principes (qu'il a nombreux et clairement établis), il prendra des airs de dur. Très philosophe, il s'accommode en fin de compte de tout. Son indépendance est grande.

Le Charme, ou la voie juste

(du 4 au 13 juin et du 2 au 11 décembre)

Le charme. Le natif du Charme est charmant ; sa douceur, sa politesse naturelle et son savoir-vivre plaisent à son entourage. Il ne fait pas tomber les gens en pâmoison, mais il les laisse toujours sur une note mystérieuse et plaisante. De cela, il en tire un plaisir certain. Il est toujours bien mis, il ne sort pas de la maison en coup de vent, il a une allure savamment recherchée.

Le perfectionnisme. Le natif du Charme pousse le goût du travail bien fait à des extrêmes qui ne le servent pas toujours. Il y a constamment chez lui une inquiétude de ne pas avoir accompli la meilleure tâche possible et cela peut même lui nuire. Il s'agit souvent d'une sorte d'anxiété de performance à son travail, et le natif fait un grand pas le jour où il se décide à ne plus se critiquer de manière destructive. Il a un œil de lynx; on ne peut rien lui cacher, en particulier quand il juge d'une œuvre ou d'un travail quelconque.

La critique. Sous son air doux, sympa et charmant, le natif du Charme cache un remarquable critique, un juge impitoyable. S'il n'apprécie pas le travail de quelqu'un ou même le sien, il ne se prive pas pour le dire. Il aime tellement le travail bien fait qu'il peut en devenir trop critique.

Le snobisme. Le snobisme fait généralement partie des caractéristiques du natif du Charme. Il ne s'agit pas d'un snobisme désagréable, mais plutôt d'une manière de vivre un peu plus grande que nature. Il a une certaine attirance pour le faste quand il est dans les limites du bon goût. Il supporte difficilement les gens qui ne sont pas raffinés, que ce soit dans leur façon de s'exprimer, d'agir, de se présenter.

Un côté conservateur. Peut-être en raison de son bon goût ou de son snobisme, il préfère ce qui est classique, éprouvé, reconnu à une nouveauté trop clinquante. C'est un esthète. Il a le goût de l'harmonie et ne souhaite pas choquer son entourage. Pour cette raison, il a souvent de vieilles valeurs, celles qu'on lui a inculquées lorsqu'il était jeune.

L'intégrité. Vous trouverez rarement signe plus intègre. Il ne ment pas, il est trop bien éduqué pour cela. Il a un sens des valeurs strict et bien établi, et il accepte mal la malhonnêteté. Cela ne l'empêche pas de voir d'abord à ses intérêts, mais il ne profite de personne.

Un rêveur. Ce natif adore refaire le monde... en conversation. Sociable de nature, il a aussi de l'esprit et se plaît à imaginer avec des amis un monde meilleur. Pas toujours réaliste, il peut parfois se contenter d'imaginer plutôt que de s'atteler à la réalisation de ses rêves.

La civilité. Il s'agit d'un signe très sociable qui souffre vraiment si ses relations ne sont pas assez nombreuses ou s'il sort trop peu. Il lui est vital de vivre en société, en famille. Plus il y a de monde à table, mieux il se sent. Les solitaires de ce groupe se trouvent plus heureux quand ils sortent de leur morosité. Le natif peut cependant aimer travailler seul, car il aura l'impression de mieux contrôler ses activités et, surtout, les résultats de ses activités.

L'amabilité. Charmant, le natif est aussi vraiment aimable, mais il n'est pas dupe des profiteurs. Il ne laisse pas tomber ses amis et peut supporter longtemps des gens qui lui en demandent beaucoup.

Une grande mémoire. Le natif a une très bonne mémoire à long terme, ce qui peut même à la longue le desservir et l'encourager à vivre davantage dans le passé qu'au présent. Ainsi, il oublie si difficilement les blessures du passé que cela peut vraiment le rendre malheureux longtemps.

Travail-action

Le natif du Charme est à la fois travaillant et paresseux. Travaillant parce qu'il a le sens du devoir et le goût de très bien faire ce qu'il entreprend. Paresseux, car c'est aussi un être de loisir, de farniente, de plaisir... un bon vivant, quoi ! Quand il est au travail, la réussite l'obsède, mais s'il est temps de se relaxer, il vit pleinement le plaisir de la détente ; cela dit, il n'est pas dénué d'ambition.

Énergie

Son énergie est moyenne et stable. S'il oublie de s'activer physiquement, il peut facilement tomber dans une certaine morosité mentale ou psychique. Il a besoin de bouger, mais il aime bien flâner.

Amour-famille-amitié

L'amour pour ce natif est une chose si importante, si grave, si profonde qu'il peut le fuir à toutes jambes ou ne pas oser s'y exposer. S'il a été blessé aussi, il cicatrise vraiment lentement. Bien qu'il soit sociable, il éprouve souvent une grande timidité dans l'intimité. Une fois engagé, il ne recule plus. Côté famille, il est très chaleureux et soutenant. Il adore la vie familiale. Il fait un très bon parent ou tuteur. En amitié, il est d'une loyauté exceptionnelle. Quand on l'observe, on finit par voir que tout ce qui compte vraiment à ses yeux, ce sont les relations interpersonnelles.

Argent

Le natif gère généralement ses biens avec toutes les qualités requises. Il est généreux, surtout avec les gens dont il sent qu'il a la responsabilité. S'il traverse des périodes difficiles, il en tire une leçon pour la vie.

Charme-Gémeaux

Le natif du Charme-Gémeaux reste jeune pour l'éternité. Jamais vous ne pourriez lui donner son âge. De plus, il charme. Il est adorable à fréquenter en société, mais il ne se livre pas facilement dans l'intimité. Il a une mémoire d'éléphant, ce qui l'aide dans certains domaines (il apprend beaucoup) et lui nuit dans d'autres (il oublie difficilement les mauvais coups qu'on lui a faits). Il est souvent un peu snob, mais d'un snobisme plus amusant qu'écrasant.

Charme-Sagittaire

Le Charme-Sagittaire, pour se sentir heureux, doit se sentir utile. S'il peut se dévouer pour une cause, il sera bien dans sa peau. Il est aussi très créateur, mais souvent ses créations restent à l'état de rêves. D'ailleurs, il adore rêver éveillé. Il a un côté candide et quand il admire quelqu'un, il n'hésite pas à le lui faire voir. Sa nature est bonne et charitable, ce qui ne l'empêche pas de voir aussi à ses propres intérêts.

Le Figuier, ou l'abondance

(du 14 au 23 juin et du 12 au 21 décembre)

L'affectivité, la réceptivité. Le natif du Figuier pourrait être qualifié de sensible, mais cela pourrait porter à croire qu'il se laisse aller au sentimentalisme ou qu'il s'en fait avec des riens, ce qui n'est absolument pas le cas. Il s'agit plutôt d'une personne pleine de compassion à l'égard des autres et qui ressent littéralement ce qu'ils vivent. Cette sensibilité peut même en faire un artiste, ce qui serait le meilleur moyen d'exprimer ce qu'il éprouve.

Les sentiments avant tout. Avec lui, jamais le côté cérébral, l'intellect et le physique ne passent avant le cœur. Il sait ce qui compte, il en a décidé tout jeune et il n'en changera pas. Ce n'est pas un philosophe, au sens où il ne prend pas ses distances avec la vie, mais il en reste tout près. Il s'agit d'un être de cœur qui fait toujours passer le côté humain avant le côté technique.

La recherche de stabilité. Ce natif aime bien partir à l'aventure (il est souvent un voyageur très curieux), mais il supporte difficilement l'instabilité. Au travail, par exemple, il aura avantage à s'organiser pour évoluer dans un milieu qui lui pose des défis bien sûr, mais qui en échange lui promet une certaine permanence. Il a besoin d'être rassuré tant affectivement que matériellement. Il aime le confort.

La courtoisie. Le natif du Figuier est naturellement courtois. Il est empressé avec les gens plus âgés que lui, tolérant avec les plus jeunes, empathique envers les souffrants, bref, il a une bonne nature et une grande générosité de cœur. L'idée même de manquer de respect à quelqu'un n'effleure pas son esprit. Évidemment, à l'adolescence, il peut se rebeller comme tout le monde, mais passé ce moment, il se développe de manière responsable.

L'amour du confort. Ce natif peut vraiment manquer d'ambition. Même s'il est très avantagé par ses talents, il choisira plutôt le confort, la tendresse, la belle vie plutôt que l'ambition. À la limite, on pourrait même dire qu'il met de côté le dépassement s'il sent que cela affectera ses joies quotidiennes, et plus encore ses proches.

Le sens de la famille. Ce natif a un esprit familial très prononcé. Il prend très au sérieux toutes les questions qui touchent à l'éducation et fait des efforts surhumains pour assurer que ses enfants ont tout ce dont ils ont besoin.

Travail-action

Le natif du Figuier peut être idéaliste, mais il est avant tout réaliste. S'il a besoin de travailler pour gagner une certaine somme d'argent, il le fera. Il est actif sans être ambitieux, sauf qu'il ne souhaite manquer de rien. Il adore bouger et sera très heureux dans un emploi qui lui permet de voyager ou, à tout le moins, de ne pas vivre entre quatre murs. Il peut être hostile à l'autorité, mais il souffre encore plus s'il doit évoluer dans l'insécurité.

Énergie

Ce natif est très énergique et très physique. Il doit impérativement bouger pour être bien dans sa peau. Il a une nature avant tout physique ; il déplace de l'air, pourrait-on dire. Physiquement, rien ne l'arrête, sauf une grosse fatigue dont il se remet toujours vite.

Amour-famille-amitié

L'amour peut être une aventure pour ce natif, mais il est aussi très fidèle et il aime avant tout son confort. Il sera parfois déchiré entre unc passion amoureuse et la douceur de vivre, mais s'il doit choisir, il choisira le confort. Il peut trouver celui-ci dans une vie à deux harmonieuse ou même seul. Pour lui, les enfants sont sacrés. Il prendra très au sérieux cette responsabilité. Ses amitiés sont bonnes, pas toujours nombreuses, mais il possède des qualités qui le rendent agréable à fréquenter.

Argent

C'est parce qu'il aime le confort qu'il aime l'argent. Autrement, il n'en ferait pas tout un plat. Malgré tout, il s'organise pour en avoir assez. C'est un arbre d'abondance naturelle.

Figuier-Gémeaux

Le Figuier-Gémeaux, sans être à proprement parler un ambitieux, a besoin de toujours apprendre et de faire ses preuves, d'exceller dans ses activités. Il a besoin d'espace. Il est expansif, bien que tendre. Il aime bien collaborer avec les autres et a du talent pour les associations. Il plaît aux gens. La vie lui est plutôt facile, car il n'a pas tendance à être sombre.

Figuier-Cancer

Le Figuier-Cancer est un grand tendre, d'une sensibilité à fleur de peau, mais il oublie vite quand on lui a nui. Il aime l'intimité et les douceurs de la vie. Il peut être angoissé s'il n'évolue pas dans un environnement qui lui convient. C'est un être de famille très responsable.

Figuier-Sagittaire

Le Figuier-Sagittaire possède un bon fond de réalisme sous des dehors très généreux. Il s'intéresse avant tout à ses idéaux. Il n'est pas à proprement parler égoïste, mais il poursuit ses rêves et les concrétise. Il est aussi idéaliste et quand il réalise que la nature humaine n'est pas toujours à la hauteur de ses idéaux, il en souffre. Doué de clairvoyance, il atteint ses buts, mais plus lentement que la moyenne des gens. Si on le croit sans ambition, on se trompe. Il a un don pour l'équilibre.

Le Bouleau, ou l'amour de la vie

(le 24 juin)

Un être unique. Le natif du Bouleau est chaleureux, sympathique et unique. Il plaît beaucoup et n'en éprouve aucune prétention. On dirait qu'il n'a aucune vanité. Très imaginatif, il est plus axé sur les solutions, qui ont toujours quelque chose de farfelu et d'extraordinaire, que sur les problèmes. Fantaisiste, il ne voit pas la vie comme la moyenne des gens, et on ne s'ennuie jamais en sa compagnie.

Une sensibilité artistique. Si on ne devait trouver les artistes que chez un seul signe, ce serait chez le natif du Bouleau. Il a de l'imagination à revendre et il vit bien dans un environnement qui fait appel à celle-ci. Son travail doit être créateur, c'est un *must* ! Dans un emploi routinier, vous aurez l'impression qu'il s'éteint. S'il peut donner libre cours à tout ce qui lui trotte dans la tête, vous verrez qu'il s'en passe des choses dans son univers intérieur.

Un amoureux de la vie. Malgré ses nombreux talents et sa personnalité unique, le natif du Bouleau n'a aucune prétention ou arrogance. La vie simple correspond bien à sa personnalité et il s'y trouve bien. Il aime faire la fête, bien qu'il ne soit pas si sociable que cela. Dans les faits, il aime la compagnie des gens, mais il préfère souvent s'adonner à ses activités – son travail en particulier – qui sont très nombreuses. Il a souvent un horaire chargé, et vous le verrez rarement ou même jamais s'ennuyer. Il n'est pas attiré par le luxe et se contente de ce qu'il a. Une certaine rusticité lui convient très bien étant donné son côté campagnard.

L'imprévisibilité. Ce natif entre mal dans les catégories toutes faites. Vous le croyez ceci, il se révèle cela. Ce n'est pas le signe d'un esprit contradictoire, mais plutôt d'une certaine liberté intérieure ayant absolument besoin de s'exprimer. Au quotidien, le natif peut changer d'idée alors que rien ne le laissait prévoir. Il est aussi très indépendant au sens où il ne profite jamais de ses contacts pour faire évoluer une situation dans le sens voulu.

Un actif qui apprécie la stabilité. Le natif du Bouleau est généralement très travaillant; il adore souvent son travail et il s'y adonne avec la plus grande joie, ce qui ne fait pas toujours le bonheur de son entourage. Esprit très créatif, il est également pourvu d'une bonne mémoire et, surtout, d'une intelligence très intuitive. Il sent les choses car il est également un grand sensible. Il aime bien, par ailleurs, vivre dans un milieu plutôt stable, ce qui lui permet de ne pas trop s'inquiéter des lendemains.

La sobriété. Ce natif est souvent apprécié et aimé de son entourage, car il est non seulement sympathique, mais il n'en demande aussi pas trop aux autres. Il a un caractère peu exigeant et intègre. Il vit bien où qu'il soit, car il s'adapte facilement. Toutefois, il appréciera moins un milieu guindé ou trop clinquant.

Travail-action

Le Bouleau est un bourreau de travail. Il n'est esclave de rien, il adore simplement s'adonner à ses activités. S'il n'aime pas son emploi, il en changera vite. Il doit impérativement fuir tout milieu qui le prive de se réaliser ou qui est trop snob, car il y serait malheureux. Il a une imagination fertile et très peu de paresse, sauf peut-être le jour de son anniversaire.

Énergie

Actif, le natif du Bouleau est généralement bien dans sa peau. Il doit cependant être attentif à maintenir un rythme soutenable. S'il se lance dans un projet, il en oublie le reste. S'il vise le juste milieu dans sa vie en diversifiant ses activités, il sera bien.

Amour-famille-amitié

En amour, le Bouleau est stable; il se passionne rarement, sauf peut-être dans sa jeunesse. On est bien en sa compagnie, le seul hic étant qu'il donne parfois peu de temps (il est très occupé) à cet aspect de sa vie. Avec les enfants comme avec son partenaire de vie, il est de bonne compagnie. Son enthousiasme est contagieux, mais il peut parfois les oublier un peu pour ses propres activités. Ses amitiés se trouvent dans tous les milieux; il n'a rien d'un sectaire et le snobisme l'ennuie au plus haut point.

Argent

Comme il n'a pas de grands besoins, il n'est jamais pris au dépourvu. Son attitude est équilibrée, mais il est souvent trop occupé pour dépenser. Il ne fait jamais d'histoire avec des questions d'argent, il trouverait cela vulgaire.

Bouleau-Cancer

Au fond, ce natif aimerait bien recréer son propre monde: il serait sûr et tout irait bien. Il a des qualités rares pour l'intimité et sait tout embellir autour de lui. La chance est souvent au rendez-vous pour lui.

Le Pommier, ou la beauté et l'amour

(du 25 juin au 4 juillet et du 22 décembre au 1er janvier)

La tendresse. Le plus souvent, ce natif est un tendre, mais il peut aussi arriver qu'il ait l'air coquin. Il est profondément chaleureux et aimant, et il a besoin de cette même chaleur qu'il diffuse. Il ne réclame rien. Il fait tout pour les gens qu'il aime, puis il espère vaguement que cela lui reviendra. Pas exigeant, il oublie simplement les gens qui ne répondent pas dans le sens de ses désirs. Il oublie vite ce qui a pu le heurter.

Entre le monologue et la conversation. Le natif du Pommier adore être en contact avec les gens, donc leur parler beaucoup. Il s'exprime à propos de tout ce qu'il voit, il parle de ceux qu'il aime, décrit leurs activités, si bien qu'il peut en arriver à donner l'impression qu'il préfère le monologue au dialogue. Il en a tant à dire sur les autres comme sur lui-même qu'on peut parfois trouver qu'il manque de discrétion. C'est une caractéristique présente chez la plupart des natifs du Pommier, mais c'est fait avec tant d'innocence et d'ingénuité qu'on ne peut pas le juger. Il est ainsi, tel un livre ouvert, simplement.

La gourmandise. Ce natif est un sensuel, et sa sensualité se vit, entre autres, par une certaine gourmandise. Il aime la vie par tous les pores de sa peau, mais plus encore par la bouche, le goût. Il doit souvent faire attention à sa ligne. En cela, s'il a de la volonté, il s'en trouvera mieux. L'étonnant avec ce signe est qu'il peut manquer totalement de volonté durant des années, puis un jour devenir d'une discipline rare.

Une nature à la fois ouverte et réservée. Ce natif aime les gens et ne les juge pas. Il n'est pas sévère à leur égard et comprend la nature humaine. Il a des principes (qui peuvent être un peu stricts, surtout s'il est né en hiver), mais il n'en fait pas une montagne si on n'est pas du même avis que lui ou si l'on n'accorde pas la même valeur aux choses que lui. Généreux, il reste tout de même persuadé que chacun est responsable de lui-même.

L'esprit de famille. Le natif du Pommier a le sens de la famille et du clan. Mais si vous vous éloignez de ses proches, il perdra tout intérêt à ses yeux. Bien sûr, il peut être touché par un drame humain, mais ce qui compte à ses yeux, ce sont ses amours, ses enfants, ses parents proches, ses amis.

Travail-action

Il aime généralement bien son travail, surtout s'il trouve une petite niche qui lui convient, mais celui-ci est rarement le centre de ses préoccupations. Dans les faits, il travaille pour gagner sa vie et si ses jours sont assurés, il prendra sa retraite. Il aime beaucoup mieux la belle et bonne vie, les loisirs, les proches... que les obligations. C'est un être consciencieux qui met généralement ses priorités ailleurs que dans son emploi.

Énergie

Ce natif est un grand amoureux de la vie; il a donc toujours une grande énergie pour l'explorer.

Amour-famille-amitié

L'amour, c'est sa préoccupation, le but de sa vie, l'essence même de ce qui vaut la peine de vivre. En fait, le natif du Pommier n'aime qu'aimer. Le reste pour lui est de la décoration. Il vit souvent heureux, longtemps avec la même personne, s'il en a la chance. Autrement, toute sa vie, il aura un grand respect pour l'amour. Sa famille est le centre du monde. Ses amis viennent ensuite; ils embellissent les jours. Il accorde une grande importance à la nature de ses liens avec les proches. Il est franchement doué pour l'intimité.

Argent

Le natif du Pommier est naturellement généreux. En réalité, il ne fait aucun calcul, il en serait incapable. Pour lui, l'argent est strictement un moyen, jamais il n'en fait un dieu. Il doit simplement s'entourer de gens un peu plus économes que lui, et tout ira bien.

Pommier-Cancer

Très créatif, ce natif adore la vie de famille et tout ce qui peut lui permettre de faire des nids. Un être fantastique qui aime la douceur de vivre. Intérieurement, c'est un angoissé ; les proches s'en rendent compte et doivent le soutenir. Il a quand même beaucoup d'esprit et, surtout, du cœur. Quand il a une maison, un jardin, une famille, ses plans sont déjà réalisés.

Pommier-Capricorne

Ce natif est très logique et concret ; il ne s'invente jamais d'histoire. C'est un tendre, mais il ne carbure pas aux illusions. Très lucide, il semble toujours savoir ce que le futur réserve. Très prudent, il ne va jamais de l'avant s'il n'est pas assuré d'avoir beaucoup de chances de réaliser ses objectifs. On ne le fait jamais changer d'idée ; il peut être têtu. Il a des principes stricts.

Le Sapin, ou l'éternité

(du 5 au 14 juillet et du 2 au 11 janvier)

Une certaine solitude. Le natif du Sapin n'a rien contre un peu de solitude. Il aime la tranquillité, les gens lui plaisent bien mais jusqu'à un certain point. Ayant une intelligence cérébrale, il aime réfléchir et cela se fait souvent mieux dans le calme.

Une autonomie de pensée. Ce natif ne se laisse pas influencer par les idées qui ont cours. Il ne croit pas les gens d'emblée, pense par lui-même, juge par lui-même, trace son chemin lui-même. Cela peut d'ailleurs lui donner l'air snob tant il se fie à ce qu'il a pu analyser et prouver. Il adore résoudre des problèmes : c'est son passe-temps. S'il peut donner son aide à quelqu'un en lui trouvant une solution, il sera aux petits oiseaux.

L'hyperconscience. Ce natif peut parfois sembler austère et même l'être tant il est responsable et consciencieux. Les problèmes ne l'ennuient pas du tout et il choisit toujours en tout le chemin le plus compliqué. Il analyse jusqu'à ce qu'il trouve une solution à tout problème. Il est toujours très conscient de ce qui se passe en lui-même et autour de lui.

Un bon vivant tout de même. Malgré des traits de caractère qui en font quelqu'un de presque austère, ce natif aime bien fêter et a un côté bon vivant. Il trouve que la fête, c'est hygiénique ! Il s'y adonne avec le même sens des responsabilités que son travail. Il pense souvent à la mort et cela lui apporte une vision à long terme ; il voit loin.

La discrétion. Le natif du Sapin n'est pas du genre à divulguer les secrets des autres ou même à parler des autres. Premièrement, il se préoccupe avant tout de lui ; deuxièmement, il n'a pas tendance à s'adonner au commérage et il sait garder un secret si on lui en confie un. Il a une personnalité discrète et est souvent d'une grande politesse. Il a un côté noble comme l'arbre qui le représente.

Un caractère difficile à l'occasion. Ce natif peut avoir un caractère difficile, mais il restera toujours intègre et fiable. C'est un être droit qui ne fait pas facilement de compromis, mais dont on peut croire la parole.

Travail-action

Le natif du Sapin n'est pas un passionné, mais il est très consciencieux et responsable. Il ne déçoit jamais les gens pour qui il travaille. Son intelligence est vraiment cérébrale et intellectuelle. Il peut souvent exceller dans les emplois où il doit trouver des solutions aux problèmes. Il a un caractère un peu sombre.

Énergie

Si, par le signe, on pouvait connaître les futurs centenaires, on pourrait opter pour celui-là tant son énergie est vibrante. Il peut, dit-on, avoir une longue maladie toute sa vie, mais cette dernière ne le terrassera pas. C'est un résistant.

Amour-famille-amitié

Le natif du Sapin ne mettra pas la sexualité au premier plan de sa vie. Pour lui, l'amour est plus grand ou autre chose que cela. Il n'est pas un passionné, et ses histoires d'amour peuvent parfois être décevantes. Il sera heureux avec une personne généreuse. Si le Sapin tombe amoureux, ce qui peut arriver, son amour n'aura pas de limites. Il fait un bon parent et, plus encore, un bon éducateur. C'est un enseignant hors pair. En amitié, il aime ses semblables.

Argent

Ce natif peut parfois être grippe-sous. Il n'a pas de grands besoins, mais il ne sent pas non plus la nécessité de donner beaucoup. Peut-il voir les choses autrement qu'en calculant? Oui, à la condition d'avoir été entouré ou d'être entouré de gens qui lui rappellent le sens et le plaisir du don. Son attitude a ceci de bon qu'elle lui réserve des lendemains sécurisants. C'est une nature économe et frugale qui sait pourtant s'entourer de belles choses.

Sapin-Cancer

Le Sapin-Cancer pourrait être porté à se replier sur lui-même, mais il aime trop les gens pour cela; c'est ainsi qu'il va vers les autres. C'est un endurant qui peut parfois cacher une certaine fragilité. Mais, en général, il est toujours très fort, et s'il décide qu'il veut quelque chose, il l'obtiendra à force de ténacité. Très curieux, il en connaît beaucoup sur tous les sujets et, surtout, sur son entourage. Il adore la vie familiale et ne se trouve heureux que lorsqu'il a trouvé un partenaire stable.

Sapin-Capricorne

Il a un petit air de hérisson, le Sapin-Capricorne. Au fond, c'est un tendre, mais il faut du temps, beaucoup de temps, pour s'en rendre compte. Il a de l'ambition et le goût de la réussite. Il travaille toujours d'arrache-pied, car c'est en fournissant un effort qu'il se sent bien. Il sait faire fi de tous les obstacles. Il sait où sont ses intérêts et il y veille. Il est très fiable et responsable.

L'Orme, ou l'amour des bêtes

(du 15 au 25 juillet et du 12 au 24 janvier)

La franchise et l'honnêteté. Le natif de l'Orme ne peut s'empêcher de dire ce qu'il pense et ressent. Si on lui demande son opinion, on peut être sûr d'une chose, on aura l'heure juste. C'est un tendre, mais il a des opinions, des principes, des goûts bien déterminés. Il ne sait pas mentir. Il lui arrive aussi d'avoir des sautes d'humeur. Dans ces cas-là, une seule chose à faire : s'éloigner un temps, passer à autre chose.

La bouderie. Ce natif peut se refermer s'il fait face à trop de frustration, si on lui résiste, s'il perd quelques manches, si les obstacles de la vie lui semblent insurmontables. Il se transforme alors durant quelques minutes en ours mal léché ou devient triste. Il boude ou est déprimé, ce qui ne dure pas, car il oublie vite ce qui l'ennuie.

La morale et le conformisme. Ce natif est tout de même assez conformiste. Il ne manque pas d'originalité, mais il préfère souvent les valeurs sûres et ne s'en éloigne pas trop. Son code d'éthique est strict. Il ne fait pas vraiment la morale, mais il croit que certaines choses se font et d'autres non. En réalité, l'Orme choisit les avenues qui lui permettent de mener une vie agréable et sans trop d'histoires. Ce n'est pas une nature qui se sent à l'aise dans un environnement difficile; il préfère ce qui est simple, quitte à ce que ce soit un peu ennuyeux.

Une intelligence pratique, une action lente. Le natif de l'Orme a à la fois le sens du devoir et une intelligence qui lui permet de concrétiser ce qu'il croit devoir faire. Il est un organisateur hors pair. Efficace, il planifie ses journées de la meilleure façon possible. Comme il croit qu'il a des devoirs particuliers à accomplir, on peut se fier à lui. Ses gestes sont lents et même son intelligence – si elle est profonde – s'exerce dans un certain calme et à un rythme posé. L'Orme est toujours à la recherche de solutions... qu'il finira par trouver.

Une imagination fertile. Bien qu'il ait une intelligence avant tout pratique, ce natif n'est pas dépourvu non plus d'une imagination vive. Il s'intéresse à tout et a souvent plusieurs passions. Un petit échec ou une frustration peuvent l'arrêter tout au plus quelques minutes. Devant un problème, il ne se laisse pas démonter, il se retire un peu, réfléchit et trouve toujours une solution surprenante.

Le réalisme. Le natif de l'Orme mène généralement un vie satisfaisante car il aime ce qui est simple. Il est épris du concret. Il peut se passionner pour une activité ou une personne, à condition de savoir que les portes ne sont pas fermées, qu'il y a place à la réalisation de ce qu'il souhaite. Il n'est absolument pas dépourvu de rêves ou d'imagination, mais ceux-ci doivent pouvoir s'exercer en pleine réalité.

La sincérité. Ce natif respecte assez les gens qu'il côtoie pour pouvoir rester sincère. Il n'est pas nécessairement porté à faire des compliments, mais il n'est pas cachottier. Sa franchise s'exerce naturellement dans tous les secteurs de sa vie.

Travail-action

Sans être paresseux, ce natif aime tout autant ses loisirs que son travail, ce qui crée un bel équilibre dans sa vie. C'est un actif... lent. Une personne très pressée pourrait ne pas réaliser qu'il avance telle la tortue dans la fable de La Fontaine... lentement mais sûrement. Il s'intéresse à beaucoup de choses, il est curieux intellectuellement. Il atteint ses objectifs.

Énergie

L'Orme a une énergie moyenne, mais sa grande qualité est qu'il sait toujours bien l'évaluer. Ayant un bon sens pratique, il a aussi une volonté qui lui permet d'agir de manière qui lui soit profitable. S'il sent qu'il doit perdre du poids pour être mieux dans sa peau, il trouve un régime qui ne le videra pas de ses minéraux; il l'analyse longtemps, il suit le programme et il y arrive!

Amour-famille-amitié

Le natif de l'Orme est affectueux et savoure une vie tranquille. Ses amours sont généralement stables. Il n'aime vraiment pas ce qui est compliqué. Il a un sens du devoir très fort, et sa famille fait partie de ses responsabilités qu'il assume sans se questionner. En amitié, le natif est également stable. Il a assez peu d'amis, il faut dire que sa vie familiale le tient souvent occupé.

Argent

Ce natif n'a pas de très grands besoins. Il respecte l'argent et essaie d'en avoir suffisamment, mais il ne tournerait pas le dos à un loisir pour travailler davantage et gagner un peu plus. Il a le sens des priorités et il vise avant tout un bon équilibre de vie.

Orme-Cancer

L'Orme-Cancer est d'une grande sensibilité. Il doit apprendre à se protéger pour ne pas souffrir inutilement. C'est un enthousiaste-né qui s'emballe pour les gens qui lui plaisent et qu'il aime, tout comme pour les projets nouveaux. Il a l'esprit de famille et donne la priorité à ses liens avec les autres. Il a une grande mémoire et elle se souvient longtemps des mauvais coups qu'on lui a faits. Il a tendance à choisir ce qui le rendra heureux. Il semble posséder un don pour le bonheur.

Orme-Lion

L'Orme-Lion est un tendre et un grand amoureux, mais c'est également une personne très solide malgré une apparence de fragilité. Ce qui étonne le plus chez lui, c'est à quel point il est différent de ce qu'il est réellement. Il a souvent un esprit fin et surtout critique. Il voit clair chez les autres. Il peut parfois être un peu angoissé, car il lui arrive d'hésiter sur ce qui le rendrait le plus heureux. Il s'interroge beaucoup et change souvent d'idée. Quand il est entouré de gens qui l'aiment, il peut donner le meilleur de lui-même.

Orme-Capricorne

L'Orme-Capricorne a une patience à toute épreuve et sait que le temps finira par jouer en sa faveur. Il n'est pas de tempérament inquiet ; il préfère s'en tenir à la réalité des choses, des faits. Il est toujours original et il ne passe pas inaperçu. C'est un être stable sur qui l'on peut compter. Lui, par contre, n'a pas tendance à compter sur les autres : il va son petit bonhomme de chemin et arrive toujours là où cela lui convient. Il est aussi conservateur que novateur ; il sait tirer le meilleur parti de tout.

Orme-Verseau

L'Orme-Verseau, tout comme l'Orme-Capricorne, possède un bon fond de réalisme, sauf qu'il est mystérieux et pas toujours facile à comprendre. Il y a quelque chose de magique chez cet être qui ne se fie jamais à ce qu'il voit, mais plutôt à ce qu'il perçoit. Très intuitif, il est également généreux.

Le Cyprès, ou la longévité

(du 26 juillet au 4 août et du 25 janvier au 3 février)

La civilité. Le natif du Cyprès aime la vie en société, les rencontres amicales, les soirées familiales, les longues discussions autour d'une table, les rassemblements et le dialogue. S'il exerce parfois un métier qui exige des temps de solitude, il s'organise (ou il a intérêt à s'organiser) de manière à être entouré, car c'est comme cela qu'il est le plus heureux.

Le plaisir d'accommoder. Ce natif a le cœur sur la main, et un de ses grands plaisirs consiste à rendre service aux gens de son entourage. Il ne deviendra pas forcément missionnaire, mais quand on a besoin de lui, on peut être sûr qu'on ne se trompera pas en lui demandant de l'aide. Il aime faciliter la vie de ses proches. Évidemment, il peut arriver que par éducation ou par manque, un natif soit un peu moins généreux, mais cela change avec le temps.

La loyauté. Ce natif est un être de principes. Une fois que ceux-ci sont choisis, il n'en déroge plus. Le même phénomène se produit dans ses amitiés, ses amours, ses liens en général. Une fois qu'une personne entre dans sa vie, il est loyal et n'a pas tendance à se dérober. Bien sûr, comme tout le monde, il vit quelques éloignements et finit par les assumer, mais sa tendance naturelle est d'entretenir des rapports sur une très longue période avec les gens qu'il aime.

Une intelligence cérébrale. Le natif du Cyprès adore penser, peser le pour et le contre d'une solution, imaginer divers scénarios. Il exerce son intelligence davantage par la réflexion que par l'action. Il n'est pas toujours dépourvu de sens pratique, mais ce n'est pas là sa qualité de base. Si vous lui soumettez un problème, il y réfléchira longuement et vous arrivera un beau jour avec la solution. Son esprit est analytique et logique.

Le besoin de se sentir utile. Bien qu'il soit un être de raison, ce natif est aussi un être de cœur. Autrement dit, son intelligence doit pouvoir s'exercer sur un terrain fertile. S'il peut être utile aux autres, il se réalisera pleinement. Sa bonté pourrait faire croire qu'il est naïf ; or, il n'en est rien. Il est lucide ; il se prive simplement de faire part de toutes ses réflexions et n'a pas tendance à juger les gens. Sa devise : vivre et laisser vivre.

Travail-action

Le natif du Cyprès peut être très travaillant ou plutôt paresseux. S'il ne travaille pas fort, vous pouvez être persuadé d'une chose : il n'a pas trouvé sa passion. Autrement, il peut même devenir un bourreau de travail. Il agit bien sûr, mais toujours après avoir réfléchi. C'est un cérébral avant tout.

Énergie

Le natif du Cyprès est à la fois ferme, résistant et souple. Il a souvent un corps solide, et il se remet de tout effort avec une rapidité surprenante.

Amour-famille-amitié

Ce natif aime vraiment beaucoup les gens, il fait donc ce qu'il faut pour les garder auprès de lui. C'est un sentimental qui a aussi un sens aigu du devoir : il prend soin de ceux qui l'entourent, veille sur eux. Sans être un parent trop protecteur, il garde toujours son attention intacte. Ses amitiés sont généralement stables et assez peu nombreuses. Il connaît souvent beaucoup de gens parce qu'il est sociable.

Argent

Ce natif n'est pas dépourvu d'un certain égoïsme, mais il est également généreux. Son comportement en matière d'argent résulte toujours des valeurs qu'il a acquises ; par exemple, si on lui a enseigné la compassion quand il était jeune, il sera généreux. Il reste qu'il a assez peu de besoins personnels, n'est pas très dépensier en ce sens qu'il n'a pas de grands besoins.

Cyprès-Lion

Le Cyprès-Lion est de nature solitaire. Il n'en souffre pas pour autant, car il est généralement trop occupé par ses projets et surtout par les buts qu'il s'est fixés. Il est ambitieux et travaillant. Il peut présenter un extérieur très différent de ce qu'il ressent profondément. Il ne se livre pas au premier venu et il ne fait confiance qu'à ses plus proches. Il a du talent pour l'intimité et la vie sociale. Il se distingue toujours par la qualité de son travail. Il s'applique et finit par en récolter les fruits.

Cyprès-Verseau

Le natif du Cyprès-Verseau peut traiter avec les gens de tous les milieux et de toutes les cultures. Il n'a aucun snobisme, il est curieux et il aime connaître des gens. C'est un sociable. Même s'il essaie d'être conformiste, il n'y arrive pas, car il est profondément original, personnel et unique. Il prend souvent la défense de la veuve et de l'orphelin ; il en tire un sentiment de fierté. Malgré sa grande sociabilité et son amabilité (on a toujours du plaisir avec lui, surtout en groupe, lors d'une fête), il reste assez mystérieux dans l'intimité. On ne sait jamais tout de lui.

Le Cèdre, ou le secret

(du 14 au 23 août et du 9 au 18 février)

Un fonceur, pas un timide. Le natif du Cèdre plonge dans la vie avec gourmandise, ne recule devant rien de ce qui l'intéresse, peut prendre un air détaché ou réservé, mais n'a rien du timide. Il sait généralement très bien ce qu'il veut et s'organise pour l'obtenir. Il est fonceur à l'extrême, mais il reste toujours poli et plein de grâce, sinon il passerait pour un ours.

Le goût de plaire. Une des faiblesses du Cèdre et en même temps une de ses forces, c'est son désir profond de plaire. Même s'il n'est pas très attiré par quelqu'un, il se préoccupe de l'effet qu'il lui fait... et s'exerce à plaire. Cela peut provoquer des malentendus. Il aime attirer l'attention, voire briller. Il n'est pas méchant pour autant, mais son entourage peut en souffrir. Il est du bois dont on fait les flûtes!

L'adaptabilité. Une des forces de ces natifs est leur grand sens de l'adaptation. Il ne s'inquiète jamais d'un événement imprévu et il s'organise pour s'y trouver bien. Il n'agit pas comme un mouton, n'allez surtout pas penser cela. Il se dit plutôt: entrons là où les choses sont comme elles sont et modifions-les de manière à vivre ce qui nous intéresse. La confiance que cette personne a en elle-même est peut-être la qualité qui la sert le mieux. Le fait de ne pas avoir de très grands besoins et des attentes précises face à la vie l'aide beaucoup à cheminer vers le bonheur.

Une imagination réaliste. Le natif du Cèdre possède une intelligence vive et, surtout, un bon esprit de synthèse. Il voit immédiatement l'ensemble d'une situation et ne fait pas d'histoire avec des riens. Cela dit, il n'est pas du tout dépourvu d'imagination, mais il s'assure qu'elle serve... à la réalité. Les gens nés sous ce signe sont des bâtisseurs.

Un grand sens de l'amitié. Le natif aime briller et il s'organise pour le faire. Il ne connaît pas pour autant la solitude; au contraire, il a de bons amis à qui il est toujours loyal et qui lui sont loyaux en retour. Ces amitiés le servent souvent bien dans sa vie professionnelle.

L'esprit d'aventure. Malgré sa grande intelligence, le natif a souvent un côté aventurier. Il aime ce qui est exceptionnel et fait en sorte d'avoir un destin rare. Il n'hésite pas à briser les tabous et fait souvent ce qu'il veut. Malgré tout, il peut être téméraire et oublier de voir si ses objectifs sont réalisables. Il aime la nouveauté, l'exploration, bref, c'est un être curieux de tout.

Travail-action

Le natif grimpe souvent les échelons de la hiérarchie dans sa vie professionnelle grâce à ses amitiés ou aux liens qu'il sait entretenir avec ses collègues. Il reste affable et reconnaissant. Il ne tient jamais les gens pour acquis et conserve toujours le respect de ses pairs. Il est aussi de bonne foi. C'est un actif sur le plan sportif. Il aime les défis, il s'ennuie dans des emplois répétitifs. Il doit mettre son intelligence en mouvement.

Énergie

Son énergie est forte et elle l'aide beaucoup à se réaliser et à atteindre ses buts. S'il n'est pas sportif, il a intérêt à le devenir.

Amour-famille-amitié

C'est en amour que ce natif est le plus téméraire. Sous des airs parfois réservés, il est très sensible à l'effet qu'il fait et à l'effet qu'on lui fait. Cela dit, quand il aime, c'est très fort et très rassurant. Il prend soin de la personne qu'il aime, voit à tous ses besoins. Il attend tout en retour. Il faut savoir qu'il préfère une vie mouvementée à une vie très tranquille. Il aime ce qui est surprenant. En famille, il est plutôt conservateur ; ses valeurs sont celles de ses parents. Il a le sentiment de perpétuer une lignée. En amitié, il possède des qualités exceptionnelles de loyauté.

Argent

L'argent est pour lui un moyen, mais il arrive que ce natif soit vraiment chanceux. Il obtient toujours ce qu'il veut. Si l'argent compte pour lui, il en aura ; autrement, il n'en aura pas. Sa volonté trace son destin en cette matière.

Cèdre-Lion

La réussite est acquise au natif du Cèdre-Lion, car il sait allier ses grandes ambitions à une générosité du cœur. Il peut sembler insouciant ou même inattentif, mais ne vous y fiez pas, car il voit tout, entend tout, agit de façon responsable et sait très bien ce qu'il veut. Il est possessif dans sa vie sentimentale et ne supporte pas l'idée d'être en lien avec quelqu'un qui pourrait lui être déloyal. Son instinct pour la vérité est fiable à tout point de vue ; il semble avoir des antennes qui détectent ce qui surviendrait à long terme dans telle ou telle situation. Il sait toujours être là où il faut, mais ce n'est pas par calcul, plutôt par instinct.

Cèdre-Verseau

Le natif du Cèdre-Verseau est un créateur-né. Si ses activités lui permettent de se servir de son imagination, il connaîtra la félicité ; s'il s'astreint à des tâches répétitives, il en sera très malheureux. Il doit innover pour être bien dans sa peau. Il a l'esprit d'aventure. Dans ses amours, il est un tendre comme du bon pain. Il aime bien être soutenu, mais il sait tout de même guider aussi. Au fond, il a du talent pour une vie de couple durable ; il sait jusqu'où aller. Il se révélera particulièrement efficace dans toutes les tâches qui concernent le futur, les changements technologiques. C'est un pionnier.

Le Pin, ou la permanence

(du 24 août au 2 septembre et du 19 au 29 février)

La franchise. Le natif du Pin est d'un naturel franc. Il ne peut pas cacher ce qu'il ressent et pense. Il ne souhaite pas discuter des heures durant d'un même problème, mais s'il a quelque chose sur le cœur, ne vous inquiétez pas, vous le saurez vite.

L'esthétisme avant tout. Le natif du Pin est souvent beau; il est en tout cas toujours attiré par ce qui est beau et il aime s'entourer de beauté. Son goût est personnel, mais que vous soyez d'accord ou non avec lui, vous reconnaîtrez qu'il est cohérent. Il a un côté poète. Quelle que soit sa fonction, vous aurez toujours l'impression qu'il est au fond de lui-même avant tout un artiste. Quand il se trouve bien dans un lieu, il met beaucoup d'énergie pour l'embellir.

De l'importance des détails. Ce natif est si souvent attaché aux détails des questions, de ses projets, des événements, qu'il peut en oublier d'avoir une perspective globale sur le reste. Il deviendra alors pointilleux, s'énervera à propos d'une chose sans importance et ne pourra plus prendre ses distances avec ce qui se passe autour de lui. Dans ces moments-là, il lui faut comprendre que c'est probablement son stress qui agit, qu'il n'est plus tout à fait lui-même. La détente est importante pour lui.

Un infatigable. Le natif du Pin n'a rien du paresseux. Bien sûr, cela ne l'empêche pas de faire la grasse matinée une fois de temps en temps, mais si cela se produit, vous pouvez être assuré que c'est parce qu'il a du temps de sommeil à rattraper. Il est souvent très actif, à un point tel que les bancs d'école le fatiguent: il doit impérativement bouger. Il a toujours plusieurs projets en tête et n'est heureux que lorsqu'il mène plusieurs activités de front. Parmi ceux-ci, il a souvent le rêve de prendre une retraite dorée... mais cela reste un rêve aussi longtemps que possible.

Le courage. Le natif du Pin ne manque pas de courage ni de ressort. Il se remet très vite d'un échec. S'il est triste ou découragé un soir, dès le lendemain, il aura retrouvé toute son énergie et sera prêt à affronter vents et marées.

L'égoïsme. Le natif ne se distingue pas par sa générosité. Il n'en manque pas totalement, mais c'est plus fort que lui, il ne pense qu'à lui-même ou, à tout le moins, d'abord à lui-même. Il peut apprendre à partager, mais cela reste un apprentissage. Toutefois, cela ne s'applique pas à tous les natifs du Pin.

Un passionné en amour. Ce natif peut garder son sang-froid dans sa profession, mais s'il tombe amoureux, il devient incontrôlable. Il sera alors prêt à tout abandonner pour suivre une étoile qui brille.

Travail-action

Très actif et énergique, le natif du Pin poursuit ses rêves jusqu'à ce qu'il les réalise. Il n'a peur de rien et ose beaucoup plus que bien des gens. Il commence souvent à travailler très jeune, car il savoure l'indépendance financière. Pourtant, il n'est pas à proprement parler un ambitieux; ce qu'il souhaite avant tout, c'est de se réaliser. Il travaille fort et ne s'économise pas dans sa vie professionnelle.

Énergie

Ce natif rebondit avec une facilité déconcertante. On le croirait épuisé et voilà qu'il nous surprend en récupérant à une vitesse folle. Il ne fuit pas l'exercice ou les sports, car il y trouve sa détente.

Amour-famille-amitié

En amour, le natif du Pin est excessif. Il peut tout donner. Il peut changer souvent de partenaire, car il est assez exigeant et ne supporte pas l'ennui. S'il se stabilise, ce sera avec quelqu'un qui lui porte une admiration sans bornes, car il adore se sentir aimé. Il a le sens de la famille. Pour lui, cela est naturel. Il attend parfois des autres un peu plus que ce qu'ils peuvent donner ; dans les cas où il ne l'obtient pas, il est déçu quelque temps, puis il oublie et passe à autre chose. En amitié, comme il est sociable, ses amis sont assez nombreux. Toutefois, il faut que ceux-ci acceptent de le laisser prendre un peu plus de place.

Argent

Le natif du Pin aime le confort, la beauté, l'aisance... et pour cela, l'argent lui sera utile ; ses goûts sont généralement assez luxueux. Ce qu'il aime bien, c'est gagner beaucoup et dépenser dans la mesure de ce qu'il gagne.

Pin-Vierge

Le natif du Pin-Vierge cherche la tranquillité d'esprit jusqu'à ce qu'il la trouve. Il a un grand besoin de calme et c'est dans cette situation qu'il peut donner le meilleur de lui-même. Il possède une réserve naturelle. Par ailleurs, il est assez sentimental et se trouble facilement quand il est question d'amour. Mais vous n'en saurez rien. Exigeant envers lui-même, le natif l'est également envers les autres. Il veille à ce que tout soit bien fait ; si ça ne l'est pas, il intervient et rétablit les choses. C'est un être travaillant qui considère qu'à petits pas, on va loin. Ce en quoi il ne se trompe jamais.

Pin-Verseau

La générosité du Pin-Verseau est grande. Il semble ne rien vouloir posséder. Pourtant, il réussit plutôt bien sur le plan matériel. Il a beaucoup de grandeur d'âme et se désole quand il rencontre des gens moins bien nantis que lui. Il a de la profondeur. C'est aussi un rêveur : il est là, mais on n'est pas certain qu'il y est vraiment.

Pin-Poissons

Le Pin-Poissons est si réceptif que cela peut lui nuire. Il sent les choses avant même qu'elles existent. Il ferait un médium surprenant, mais son excès de sentimentalisme peut lui nuire. Il a beaucoup de profondeur et il vivra mieux s'il peut se servir de son imagination, par exemple dans son travail. Très créateur, il déteste répéter les mêmes gestes. Il peut avoir des difficultés sur le plan matériel, car il y accorde à la fois trop et trop peu d'importance. Il vit mieux à mesure que le temps passe ; jeune, il est parfois troublé par ce qui l'entoure. La personne née sous ce signe révèle sa finesse avec le temps.

Le Saule, ou l'art de deviner

(du 3 au 12 septembre et du 1er au 10 mars)

La discrétion. Le natif du Saule est tranquille et aime bien ne pas être dérangé et ne pas déranger son entourage. Il ne fait jamais d'esclandre devant les gens. Il se sent un peu moins à l'aise en groupe que seul. Il ne se plaint pas ; s'il a un problème, il réfléchit, trouve une solution et l'applique. Il ne divulgue pas non plus d'indiscrétions et n'a pas tendance à discuter de ses problèmes personnels. Il semble en paix intérieure, mais il peut pourtant oublier de se confier. S'il est en confiance avec des proches, cette discrétion naturelle restera équilibrée ; autrement, il pourra souffrir de solitude.

Une apparente mélancolie. La nature réservée du natif du Saule peut donner l'impression qu'il s'agit d'une personne mélancolique. Et il semble que ce soit vrai. Ou alors, c'est la lenteur apparente de ses gestes qui donne une impression de mélancolie. Il s'ennuie ou il est triste. Il lui faut, pour maintenir ou retrouver son enthousiasme, faire quelques voyages ou escapades, sortir du quotidien, diversifier ses activités.

Le sens du travail. Le Saule a le sens de l'honneur et le goût d'aller dormir le soir en ayant la sensation d'avoir accompli son travail. Il est donc discipliné. Il fait ce qu'il a à faire. Il n'essaie pas de sauter les étapes, il ne ferme pas les yeux devant la réalité. Il est très actif, mais il bouge lentement et ne semble jamais s'énerver. Intérieurement, ce natif est plutôt difficile à saisir.

Une intelligence plus intuitive qu'analytique. Son intelligence est beaucoup plus intuitive qu'analytique ou pratique. Il se laisse littéralement guider par ses intuitions et refuse d'écouter les autres ou encore de se fier à des théories toutes faites. Il est créatif en ce sens qu'il invente sa façon de travailler. Il n'a pas forcément besoin de devenir officiellement artiste, mais il doit avoir le contrôle de son temps et être libre de choisir sa voie. C'est une personne au caractère indépendant à qui il vaut mieux ne pas dire quoi faire.

La stabilité. Ce natif n'est généralement ni rebelle ni bohème. Il aime évoluer dans un environnement stable et il le recherche jusqu'à ce qu'il le trouve, ce qui ne lui prend généralement pas trop de temps, car il est très appliqué à la tâche.

Une main de fer dans un gant de velours. Ce natif, qui va son petit bonhomme de chemin en préservant la tranquillité de tout le monde autour de lui, cache sous sa douceur apparente une volonté ferme. S'il souhaite atteindre un objectif, il vaut mieux ne pas lui mettre des bâtons dans les roues. Il ne réagirait pas mal, il contournerait simplement l'obstacle. On ne peut lui raconter n'importe quoi, il est assez vif d'esprit. Ce n'est pas quelqu'un qui cherche le conflit, il aime beaucoup mieux l'harmonie et son attitude paisible le prouve.

Un fin psychologue. Le natif du Saule parle peu, se confie peu, cache même ses plans le plus longtemps possible. C'est le meilleur moyen qu'il a trouvé d'arriver à ses fins. En ce sens, il est plus stratège que psychologue. Pourtant, il devine parfaitement ce qui se passe dans la tête des gens; pour cela, on ne peut nier son talent pour la compréhension de la nature humaine. Il n'essaie pas de faire la morale autour de lui, mais il se sert toujours des informations qu'il détecte à force d'une simple mais attentive observation.

Travail-action

Le natif du Saule aime surtout le travail bien fait. Il est plutôt méthodique, même si son intelligence est plus créative qu'organisée. C'est le type même dont on pourrait dire: « P'tit train va loin. » Mine de rien, il atteint ses objectifs. Sa réserve joue en sa faveur. Il n'a rien du bourreau de travail, car il adore les vacances. « Un temps pour chaque chose » pourrait être son adage.

Énergie

Le Saule a une énergie qui semble plus moyenne qu'elle ne l'est en réalité. Il puise – on connaît la grandeur de ses racines – son énergie dans toutes les activités qu'il aime faire. Il adore souvent la nature, et c'est là qu'il se ressource.

Amour-famille-amitié

On pourrait dire de lui que sa famille passe avant tout. Pourtant, il n'en fait pas tout un plat. Il accomplit ses tâches, il assume ses responsabilités sans s'énerver. En amour, c'est un romantique. Il peut très bien aimer en rêvant; il n'a pas toujours besoin du côté physique. Cela dit, il peut aimer à la folie. Ses amitiés sont stables, mais il ne revient jamais en arrière. Quand on s'en éloigne, on retrouve rarement sa confiance. Ce n'est pas une personne qui rompt les liens.

Argent

La nature du Saule lui permet de ne pas manquer de l'essentiel. Il en fera sa première préoccupation tant qu'il n'aura pas atteint le niveau qu'il souhaite. Il est donc économe. Sa générosité est moyenne, mais il assure toujours le meilleur à ses proches.

Saule-Vierge

Le natif du Saule-Vierge est tout à son affaire, il ne croit qu'en ce qu'il voit, vérifie, expérimente. Il n'est pas rêveur, et quand il l'est, ses rêves se transforment rapidement en projets. Il tire des leçons de toutes les expériences; c'est même là une des sources de ses plaisirs dans la vie. Il a un côté joueur; il aime bien parier sur ses chances de réussir tel ou tel projet. Il est toutefois assez bon perdant, car quand rien ne va plus, il n'a pas tendance à ruminer le passé, il va de l'avant. C'est quelqu'un de prudent qui fait bien attention de ne pas faire de faux pas. Il ne fait rien à moitié. Il a beaucoup d'esprit, mais il ne s'en sert jamais pour nuire aux autres. Son flair le guide: il fait de bons choix dans la vie.

Saule-Poissons

Le natif du Saule-Poissons semble avoir une mission importante sur la terre. Il ne tient rien pour acquis et adore se sentir utile aux autres. Il a un caractère tenace et ne se laisse pas démonter devant le premier obstacle. C'est un grand amoureux de la vie qui aime se faire plaisir et faire plaisir aux autres. Bon vivant, il mène généralement la vie qu'il désire. Il s'organise pour réussir ce qu'il entreprend.

Le Tilleul, ou la compassion

(du 13 au 22 septembre et du 11 au 20 mars)

Un être fragile et fort tout à la fois. Le natif du Tilleul est avant tout un être de contradictions. Il est sensible tout en étant fort ; il est tendre tout en ayant une volonté inaltérable ; il accepte la vie comme elle est tout en ayant des ambitions très grandes... Bref, vous le croyez tel, il sera tel autre. Il faut donc accepter ce natif comme il est sans jamais essayer de le changer. En échange, il est capable d'une grande loyauté.

L'organisation et la méthode. L'intelligence de ce natif est très pratique. Même s'il peut parfois sembler désordonné ou pas tellement structuré, il est au contraire très bien organisé et adore faire des plans et les mener à terme. Il n'est pas dépourvu d'intuition ni même de capacité d'analyse, mais il a avant tout le sens des réalités.

L'imagination. Ce natif est très créateur. Il rêve, il imagine, mais il agit également. Il éprouve un besoin profond de se réaliser en exprimant ce qu'il ressent, et il le fait bien quand il découvre et explore ses talents artistiques. Même s'il n'en fait pas son métier, il trouvera beaucoup de bonheur dans la réalisation de ce qu'il ressent vraiment. De plus, il est esthète.

Un besoin de sécurité. Bien qu'il ne manque pas d'une certaine indépendance, le natif du Tilleul doit trouver une manière de se sentir en sécurité. Il pourra, par exemple, avoir un emploi stable qui le rassure et établir des liens à long terme. S'il est célibataire, sa famille et ses amis prendront beaucoup d'importance. C'est un inquiet ayant des dehors désinvoltes ou si calmes qu'on ne soupçonne pas sa sensibilité. Il a avantage à reconnaître ce besoin d'évoluer dans un environnement stable.

La manipulation. N'étant pas du tout dénué d'ambitions et de désirs, le natif du Tilleul use de tout ce qu'il peut pour obtenir ce qu'il veut. S'il faut qu'il devienne un peu manipulateur, cela ne le dérangera pas. Réaliste, il utilise les moyens qu'il a à sa disposition sans trop s'inquiéter de la morale.

Une apparente tranquillité. Le Tilleul est calme et paisible, c'est ce que l'on a tendance à croire quand on le connaît peu. Pourtant, il s'énerve intérieurement très facilement. Des activités physiques peuvent l'aider à conserver son calme.

La vraie générosité. Le natif du Tilleul peut éprouver une véritable empathie pour les autres. Il n'est pas tenté d'avoir pitié de qui que ce soit, mais il ressent ce que les autres vivent. Son calme l'aide à mieux entendre. Il peut donner beaucoup par ces simples attentions.

Travail-action

Ce natif a le sens du devoir, mais il n'est pas zélé. Son travail comprendra idéalement une part d'organisation et une part de créativité. Il est plus contemplatif qu'actif; malgré tout, il ne manque pas de sens pratique.

Énergie

L'énergie du natif du Tilleul est avant tout nerveuse et il peut être très affecté par un environnement nocif. Il aura avantage à faire de la méditation ou une activité physique douce, comme la marche ou la pratique du taï chi.

Amour-famille-amitié

Le natif du Tilleul est un grand amoureux, un amoureux passionné, physique et souvent possessif. Il préférera être célibataire que mal assorti, mais il est plus heureux à deux que seul. Toutefois, il supporte l'insatisfaction comme une condition humaine. En famille, il est très protecteur. Ses enfants sont ses diamants. Il les fera passer avant tout. Ses amitiés sont stables: l'homme aura plus de femmes dans son cercle d'amis et la femme, plus d'hommes.

Argent

Le natif est peut-être possessif en amour, mais il ne l'est pas trop en matière d'argent. Quand il a ce dont il a besoin, quand les besoins de sa famille sont comblés, cela lui va très bien. Il est aussi généreux, mais il attend des autres qu'ils soient de même.

Tilleul-Vierge

Le Tilleul-Vierge est assez individualiste ; il peut parfois avoir un côté solitaire. Il a besoin d'évoluer dans un milieu calme ou de trouver des moments et des lieux pour se ressourcer. Cela ne l'empêche aucunement d'aimer la compagnie des autres. Il a d'ailleurs un sens inné de l'amitié et ne laisse jamais tomber ceux qu'il aime. Il est observateur de nature et souvent assez discret. Il est doué, mais il doit travailler au développement de ses talents. C'est une bonne nature qui oublie parfois de se fixer des objectifs qui lui conviennent.

Tilleul-Poissons

Le Tilleul-Poissons est avant tout un grand sentimental. Il est généreux et bon, mais il a parfois tendance à oublier ses propres besoins. Son ego peut, contrairement à la majorité des gens, manquer de force. Il est aussi paresseux ou, à tout le moins, il aime la belle vie, la détente, les plaisirs. C'est un grand amoureux. Il accorde beaucoup d'importance aux relations personnelles et intimes, ce qui fait que beaucoup de personnes l'aiment. Il pourrait être un rassembleur, si seulement il le voulait.

L'Olivier, ou la cordialité

(le 23 septembre)

L'amour de la paix. Le natif de l'Olivier est pacifique. Il cultive l'harmonie autour de lui, règle ses problèmes un à un, ne fait pas d'histoires quand cela n'en vaut pas la peine. Il est charmant, tenace, un peu nerveux, parfois tendu, mais il résiste à tout, à la façon de son arbre tutélaire.

La recherche de la sécurité. Ce natif est tenace, mais il n'est pas un fonceur à proprement parler. Il choisit plutôt ce qui le sécurise. Travaillant, il voit ce qui pourrait le rassurer et s'assure de l'obtenir. Cela lui prendra peut-être plus de temps qu'à d'autres, mais il y arrivera. Il n'est pas dépourvu d'ambition, mais il aime trop la sécurité pour lui sacrifier ses rêves. Il aime généralement la campagne et préfère évoluer dans un environnement calme.

L'indépendance d'esprit. Ce natif reste très indépendant d'esprit; on ne lui dira jamais quoi penser. Il réfléchit beaucoup, analyse, observe, puis il choisit son camp et n'en démord pas. C'est pour cette raison qu'il réussit souvent bien professionnellement. Il n'a rien du personnage changeant à qui l'on n'oserait plus se fier. Son indépendance d'esprit peut lui créer des problèmes en famille. Il aura l'air de se dissocier de ses proches quand il ne sera pas d'accord avec eux. Il faut comprendre que ce natif est avant tout un cérébral; il respecte les émotions et les sentiments, mais il les fait passer après la rectitude de pensée. C'est un être droit et souvent très habile intellectuellement.

L'accueil de l'autre. Très généreux de nature, le natif de l'Olivier est aussi quelqu'un d'une grande tolérance qui aime et accueille les gens pour ce qu'ils sont. Dans les faits, il ne s'illusionne pas beaucoup sur la nature humaine, ce qui lui évite d'être déçu. Il n'a pas tendance non plus à être moralisateur. En famille, il est un peu plus sévère à l'égard de ses proches et voudrait bien qu'ils pensent comme lui. Cela dit, avec l'âge, il développe une grande sérénité.

La psychologie. Ce natif aime bien analyser les personnes de son entourage et il se trompe rarement sur leurs motifs et leurs caractères. Il est un psychologue-né, il voit clair, mais il a plutôt tendance à aider qu'à nuire.

La curiosité. Le natif de l'Olivier souffrirait beaucoup s'il n'apprenait rien, s'il devait évoluer dans un environnement qui ne le nourrisse pas intellectuellement. Il est un bon élève et même un élève curieux. Il doit absolument vivre dans un environnement qui aiguise son esprit et qui lui fournisse suffisamment de défis pour qu'il soit au meilleur de sa forme.

Travail-action

L'Olivier peut travailler seul ou en groupe, mais s'il doit collaborer avec d'autres, ceux-ci devront être vifs et connaisseurs. Il fait un patron à la fois exigeant et souple. Il évolue mieux quand il est indépendant. Il est intègre et supporte très mal les magouilles.

Énergie

C'est un actif qui doit dépenser son énergie. Il y a quelque chose de profondément naturel et sain chez lui. Il a une forte résistance nerveuse. Son sport, c'est la marche. Ses os peuvent le faire souffrir.

Amour-famille-amitié

Le natif de l'Olivier est aimant, mais il n'est pas jaloux. Même s'il avait des raisons de l'être, on dirait qu'il ne le voit pas. C'est qu'il connaît en réalité l'inutilité de ce sentiment. Il peut donner l'impression de n'avoir besoin de personne pour être heureux, mais ce n'est qu'une impression. Il est discret et plutôt secret. En famille, il adorera enseigner la vie à ses enfants; c'est en leur expliquant sa façon de voir les choses qu'il sera le plus utile, et il ne s'en privera pas. En amitié, s'il souffre d'un départ, il n'en parlera que beaucoup plus tard ; il est semblable en amour. Il se rappelle trop bien le passé, ce qui peut parfois lui nuire.

Argent

Le natif de l'Olivier aime la sécurité, mais il ne souffre pas d'insécurité. À tout le moins, il reste toujours généreux avec les gens. Il semble avoir la chance matérielle de son côté.

Olivier-Vierge ou Balance

L'Olivier-Vierge ou Balance est quelqu'un de très raffiné qui possède une intelligence hors du commun. Il observe, analyse, conclut ; il ne se trompe jamais. Ses idées sont claires et il souhaite que les gens autour de lui soient tout comme lui : clair. Il est à la recherche d'équilibre dans sa vie et tant qu'il ne le trouve pas, il s'en plaint. Il a un esprit critique très fort, mais il ne s'en sert pas pour détruire. Il s'agit d'un être sociable. Il peut compter que les hasards de la vie le serviront.

Le Hêtre, ou l'abondance

(le 22 décembre)

L'ambition. Jamais vous ne rencontrerez un natif du Hêtre qui n'obtient pas ce qu'il veut. Il prendra les moyens qu'il faut, se fera charmant si nécessaire, extrêmement travaillant si c'est souhaitable, discret si la situation le demande... mais croyez-le, il atteindra ses objectifs. D'ailleurs, il les atteint si bien que vous vous demanderez comment il fait : il a de la chance, de l'intelligence. Il a quelque chose de machiavélique, mais il n'a pas à s'en faire, car tout le monde tombe sous son charme.

L'économe. Ce natif ne manque pas du tout de générosité. Si vous avez besoin de lui, il sera là et vous pourrez compter sur son soutien. C'est un as en matière d'argent. Encore là, la chance semble y être pour quelque chose.

Mais il faut dire qu'il ne manque pas de réalisme et que cela aide toujours lorsque l'on veut administrer les biens de la famille et faire augmenter son pécule.

L'ingéniosité. Le Hêtre surprend toujours tant il est ingénieux. Il a une imagination pratique extraordinaire. Il adore chercher et trouver des solutions, c'est son sport favori. Énergique, la vie ressemble pour lui à un jeu. Tout problème n'est en réalité qu'un prétexte pour s'amuser.

Le réalisme. Ce natif est un réaliste. Il rêve, mais il fait des rêves réalisables et quand ils ne le sont pas, il travaille de manière qu'ils le deviennent. Il voit les choses comme elles sont, et il vit très bien avec cela. Il excelle souvent dans les domaines administratifs et il a aussi la chance d'avoir une intelligence qui lui permet à la fois de faire des synthèses et de voir les détails des situations. Bref, il garde les deux pieds sur terre, ce qui ne l'empêche pas de regarder le ciel et de s'en inspirer.

La coquetterie. Le natif du Hêtre est pratiquement toujours bien mis. Il aime plaire et il prend le temps d'y arriver. Il est assez sensible à la flatterie, mais il ne perd tout de même pas pied.

L'aisance. Ce natif semble avoir beaucoup de chance dans la vie en ce sens qu'il a toujours ce qu'il désire. Peut-être travaille-t-il de manière à obtenir ce qu'il désire, mais il ne vous le dira jamais. Il n'est pas prétentieux et il s'imagine chanceux, ce qu'il est peut-être après tout.

Le sens de la fête. Comme c'est un réaliste, on pourrait croire qu'il est austère. Or, il n'en est rien : c'est un fêtard. Il peut se coucher très tard et se lever très tôt pour aller au travail. Il peut être retors si cela lui semble nécessaire: s'il vous ment, vous ne vous en rendrez jamais compte. Une double vie, pourquoi pas!

Travail-action

Le natif du Hêtre travaille toujours dans le sens de ses intérêts, mais il essaie très fort de ne pas aller contre les autres. Il pratique l'adage: « Charité bien ordonnée commence par soi-même. » Il est réaliste et est souvent aidé par la chance. Il est aussi très responsable; si on lui confie une tâche, on ne le regrettera jamais. Il grimpe les échelons un à un, et arrive là où il veut.

Énergie

Ce natif est quelqu'un d'énergique. Il fait très attention à sa santé et à sa forme, dort souvent beaucoup, ce qui fait qu'il vieillit souvent moins vite que ses pairs. Il n'est pas toujours sportif, mais cela ne lui nuit pas.

Amour-famille-amitié

En amour, si le natif du Hêtre est volage, vous n'en saurez rien. Malgré tout, il aime la stabilité et il reste loyal. Il aime bien la vie de famille; elle lui est naturelle. Ses amitiés sont bonnes, mais il en change une fois de temps en temps.

Argent

Ce natif s'en sort souvent bien. Il est accompagné à la fois par la chance et ses qualités. Il est d'une générosité moyenne, sauf avec ses enfants à qui il donnerait tout.

Hêtre-Sagittaire ou Capricorne

Le Hêtre-Sagittaire ou Capricorne possède une grande confiance en lui-même ; c'est ainsi qu'il atteint ses objectifs sans pratiquement jamais se tromper. Il est sociable et rassemble facilement les gens autour de lui, grâce à ses idées. Ce natif peut parfois avoir l'air arrogant ; c'est qu'il a tant de talents, tant de chance et tant de confiance, comment voulez-vous que ça ne lui monte pas un peu à la tête ?

Deuxième partie

Le calendrier druidique

La Lune du Bouleau

(du 24 décembre au 21 janvier)

Symbolique

Le bouleau représente le premier arbre de l'alphabet druidique. Il correspond à la lettre B ou Beth. Il est un des sept arbres sacrés du bosquet des druides[3].

Chez les Celtes, on considérait que cet arbre possédait des vertus calmantes : on l'utilisait pour tranquilliser les gens affligés de maladie ou de tristesse. On croyait qu'il avait le pouvoir de chasser les démons. C'est un arbre bienfaisant.

---

3. Les sept arbres sacrés étaient : le bouleau, l'aulne, le saule, le chêne, le houx, le noisetier et le pommier. Ils suivent le cycle naturel de floraison et de fructification, mis à part le bouleau et le pommier.

Il servait également d'instrument pour flageller les prisonniers; il peut donc symboliser non seulement la discipline, mais également l'injustice.

Le bouleau est très répandu dans toutes les régions d'Europe où ont vécu les Celtes. Comme ses nouveaux rameaux apparaissent lentement par rapport aux autres arbres, le *Câd Goddeu* rapporte:

> Le bouleau, pourtant fier, prit lentement sa place;
> Non pas qu'il fût couard, mais de trop noble race.

Le bouleau symbolise également le renouveau de la vie cyclique. Les jours commencent à rallonger à partir de cette lunaison. La Lune du Bouleau porte en elle la promesse que la lumière viendra; c'est signe d'espérance.

Ce qui est propice

La période de l'année est évidemment favorable aux rassemblements familiaux. Le Noël que nous vivons aujourd'hui est largement tributaire des fêtes celtes. C'est le moment d'être noble de cœur, de se réconcilier avec ceux qu'on a blessés ou qui nous ont blessés. Il s'agit également d'une période de bilan: on fait le tour de son jardin, on pense à ce que l'on a fait dans les derniers mois et à ce que l'on désire accomplir durant la prochaine année. C'est un temps d'espoir aussi: on ne se laisse pas contraindre par des considérations trop pratiques qui nous empêcheraient d'aller de l'avant. Puisque les jours rallongent, tout le monde retrouve au fur et à mesure un peu plus d'énergie.

Balayez le passé, mettez de l'ordre... psychologiquement bien sûr, c'est un temps de préparation à la nouveauté.

La personne née sous cette Lune reste avant tout généreuse et bonne.

Sous la Lune du Bouleau, vous êtes favorisé si vous êtes né Pommier, Sapin ou Orme.

La Lune du Sorbier

(du 22 janvier au 15 février)

Symbolique

On associe au sorbier la deuxième lettre de l'alphabet druidique : L ou Luis.

L'arbre était surnommé « donneur de vie » ou « arbre de vie ». Il était considéré comme un arbre permettant d'acquérir et de divulguer la connaissance.

Le sorbier est lié de près à la divination. Lorsque des problèmes se présentaient qui leur semblaient difficiles sinon impossibles à résoudre, les druides interrogeaient les divinités à l'aide d'un rameau de sorbier. Ils demandaient également aux esprits de prendre parti à l'aide d'un rameau de cet arbre.

Le sorbier est associé à la grande connaissance et à la science. Dans un texte irlandais, on trouve le témoignage suivant :

> Menw ab Teigwaedd vit trois rameaux de sorbier sortir de la bouche d'Enigan Fawr et chaque article de la connaissance et de la science y était inscrit.

On prête aussi au sorbier des vertus de longue vie. On disait, à l'époque des Celtes, que celui qui mangeait ses petits fruits rouges guérissait de ses maux et qu'il pouvait même allonger son existence d'une année pour chaque baie consommée. Une loi interdisait la consommation de ces baies dans la vie quotidienne, et l'on racontait même qu'un dragon les gardait précieusement. On sait aujourd'hui que ces baies peuvent rendre malades si on les ingère en trop grandes quantités.

Le 1er février, c'est la fête d'Imbolc, fête de la lumière. On célèbre le renouveau, la croissance et le temps de la création. La déesse-mère redevient une vierge. Cette fête correspond à la Chandeleur (ou fête des cierges) qui est fêtée en Europe, mais peu ou pas au Québec et en Amérique. En Amérique du Nord, on se demande à cette époque de l'année si la marmotte sortira ou pas de son terrier. Tout est encore à venir, c'est un temps de patience et de persévérance.

Ce qui est propice

Cette période de l'année est favorable à toutes les formes d'apprentissage et d'enseignement qui se font beaucoup plus facilement. La concentration de chacun est forte. Ceux dont le rôle est d'enseigner doivent le faire : il peut s'agir de montrer de toutes petites choses que l'on connaît et qui seront utiles à d'autres, ou de se mobiliser complètement dans cette action. S'il nous manque un apprentissage pour aller plus loin dans son domaine d'activité, la période est bonne à bien cerner ce manque, mais encore plus à recevoir un enseignement. La période est excellente aux découvertes. Les scientifiques sont au travail, leur concentration est maximale. C'est un temps favorable à la prise de décisions.

On peut également résoudre plus facilement des problèmes sous la Lune du Sorbier. Ainsi, ce qu'on a mis de côté, on y voit. Les gens intuitifs sont gâtés quand la lumière se fait plus forte: ils voient mieux ce qui se passe vraiment et peuvent parfois même voir un peu plus loin.

Le sorbier étant un arbre qui symbolise la longévité, on gagne à s'occuper de sa santé en cette courte période.

La personne née sous cette Lune est avant tout curieuse, souvent savante.

Sous la Lune du Sorbier, vous êtes favorisé si vous êtes né Cyprès, Peuplier ou Cèdre.

La Lune du Frêne

(du 16 février au 17 mars)

Symbolique

Le frêne correspond à la troisième lettre de l'alphabet druidique, soit la lettre N ou Nion.

Cet arbre symbolise la naissance, la fécondité aquatique. Il était considéré au temps des Celtes comme l'Arbre du monde, en ce sens que c'est à lui qu'on prêtait la vertu de relier le monde du vivant au monde de l'au-delà. Il était considéré comme porteur de vie, de sagesse et de durée.

Pour les Celtes, le frêne est associé à la puissance de l'eau et de la marée. Il possède des qualités de puissance et de rapidité qu'on prête aux chevaux. On disait qu'il sauvait les pêcheurs, les marins, bref, tous ceux qui vivaient de l'eau.

C'est sur les tiges du frêne que l'on fabriquait des lances. Ses racines sont si fortes qu'on disait qu'elles détruisaient celles des autres arbres.

Les chrétiens brûlèrent des frênes un peu partout sur le sol d'Irlande, de Bretagne et de Cornouailles, pour signifier leur victoire sur les Celtes. Le frêne possède donc un caractère éminemment sacré. Sa force est dans son enracinement. Dans le *Câd Goddeu*, on peut lire :

Le frêne sans pitié accouru au cœur de l'action
Ne bougea plus d'un pied.

Ce qui est propice

Le temps est favorable aux naissances ; il peut s'agir de la naissance d'un enfant, mais également de naissance de projets ou d'idées. Chacun est très fécond et il est bon de tenir compte de ce qui se passe dans notre esprit et de savoir que cela pourra nous servir. On trouve des solutions en cette période.

Même si on est en contact avec la vie, on peut l'être aussi avec la mort. Le frêne relie le monde des vivants et des morts. On pense à ceux qui nous ont quittés ; on est inspiré par eux. On prie peut-être davantage, ou alors on médite. Chacun peut trouver en cette période un temps pour se ressourcer et, surtout, la meilleure façon de le faire. C'est le moment d'essayer de nouveaux moyens d'être bien avec soi-même.

La nature s'éveille, elle est pleine de fougue ; les gens sont à son image : beaucoup de force, de rapidité, de vigueur, qui peut s'exercer positivement mais aussi parfois dans l'agressivité. C'est un temps d'énergie puissante.

La personne née sous cette Lune est avant tout très ancrée dans la réalité. Elle est aussi douée d'une force peu commune.

Sous la Lune du Frêne, vous êtes favorisé si vous êtes né Pin, Saule ou Tilleul.

La Lune de l'Aulne

(du 18 mars au 14 avril)

Symbolique

L'aulne est le quatrième arbre de l'alphabet druidique ; il correspond à la lettre F ou Fearn. Il est associé au dieu Bran, qui ressemble au dieu romain Saturne. L'aulne est un des sept arbres sacrés.

Son bois était utilisé par les fabricants de charbon de bois. Étant donné sa résistance, il servait également pour renforcer les fondations des chaussées, des ponts, des embarcadères ainsi que des maisons construites sur l'eau comme celles de Venise.

Son symbolisme le rattache à la fois à l'élément eau et à l'élément feu.

On fabriquait également des sifflets et des flûtes de ce bois, et c'est pour cette raison qu'on le surnommait la tête chantante.

On extrayait trois couleurs de teinture de l'aulne : le rouge de son écorce, le brun de ses rameaux, le vert de ses fleurs.

L'aulne symbolisait la paix entre certains peuples celtes : les Gaëls et les Bretons. Il est un signe de souveraineté spirituelle. On disait de lui dans le *Câd Goddeu* :

> L'aulne se jette en la bagarre,
> il est au premier rang.

Ce qui est propice

Cette époque de l'année est très favorable à l'avancement de projets, car l'énergie et la résistance sont fortes. Tout travail exigeant peut être entrepris. Il est temps aussi de voir à la solidité de ses projets. Symboliquement, cela signifie que tout ce qui concerne la base de ses rêves, de ses projets et de sa propre personne prend de l'importance. On n'hésite pas à réparer ce qui est brisé. On exerce son habileté sur ce qui est important, sur ce qui soutient ses activités et sa vie.

Sous la Lune de l'Aulne, on parle, on chante, on s'exprime... si possible avec douceur. La communication s'exerce bien dans un esprit de calme et de ténacité. L'art et l'artisanat viennent au premier plan : les artistes font des découvertes et se renouvellent. On peut gagner ses luttes en cette période, à la condition d'y avoir travaillé fort.

La personne née sous cette Lune ne se satisfait jamais de l'apparence des choses. Elle est souvent douée pour les arts et l'artisanat.

Sous la Lune de l'Aulne, vous êtes favorisé si vous êtes né Chêne, Hêtre, Noisetier, Sorbier ou Érable.

La Lune du Saule

(du 15 avril au 12 mai)

Symbolique

Le saule est le quatrième arbre de l'alphabet druidique ; il correspond à la lettre S ou Saile. Chez les Grecs, il était consacré à Perséphone, Héra et Hécate, trois divinités féminines aux trois âges de la vie : la jeunesse, la maturité et la vieillesse.

Le saule était un des sept arbres sacrés du bosquet des druides. Il était l'arbre des poètes, des bardes, des magiciens et des sorcières. Ces dernières fabriquaient leur balai avec du bois de saule et de bouleau et liaient les branches avec des brins d'osier. Bien que l'arbre pousse dans des lieux humides, il guérirait les rhumatismes.

Il est très lié à la symbolique lunaire. On le plantait près des tombes, car il représentait la continuité de la vie dans la transformation.

Dans le *Câd Goddeu*, on dit du saule qu'il est bien plus prudent, ce qui signifie qu'il est à la fois sage et plein de connaissances. On recommande de ne pas brûler son bois.

La fête de Beltane a lieu dans la nuit du 30 avril au 1er mai. C'est un temps de fertilité, une période durant laquelle on célèbre les mystères de l'amour. La femme conçoit, elle devient reine et montre des signes de sa grossesse. Les jeunes gens célébraient leur amour en s'épousant lors de cette fête. Ainsi, les amoureux faisaient un pas vers l'état de dieu et de déesse. La rosée de ces matins de la fin d'avril et du début de mai a un pouvoir magique.

Ce qui est propice

Sous la Lune du Saule, les questions de temps révèlent toute leur importance : on planifie, on tient compte de ce facteur, on se resitue personnellement dans le temps que l'on vit : la jeunesse (on profite pleinement de ce qui est là) ; la maturité (on est conscient de ses devoirs, on les accomplit, mais on équilibre aussi sa vie entre ce qui fait plaisir et ce qui est essentiel) ; la vieillesse (on supporte un fardeau plus lourd, on doit se tourner lentement vers un ailleurs).

La période est propice pour tous ceux qui exercent des métiers touchant la guérison des âmes et du corps, de même qu'à la communication écrite.

En cette saison, les gens retrouvent leur pouvoir « sorcier » : chacun possède des dons reçus des fées à la naissance, il est temps de reprendre contact avec ceux-ci.

Même s'ils semblent parfois sans importance, ils restent très utiles à connaître et à exercer.

On célèbre et on accueille les transformations de la vie sous la Lune du Saule.

La personne née sous cette Lune reste avant tout sage et prudente. Elle est douée pour la guérison sous toutes ses formes.

Sous la Lune du Saule, vous êtes favorisé si vous êtes né Érable, Noyer ou Peuplier.

La Lune de l'Aubépine

(du 13 mai au 8 juin)

Symbolique

L'aubépine est le sixième arbre de l'alphabet druidique et correspond à la lettre H ou Uath.

On l'associe à la déesse mère grecque Maïa, soit la grand-mère, une manifestation d'Hécate, ancêtre lunaire du monde, gardienne des cycles de l'existence. L'aubépine est donc associée au temps.

Cet arbre est aussi lié à la chasteté et à la pureté. Sous la Lune de l'Aubépine, on lavait les temples en vue des fêtes du solstice d'été. Certaines activités ne devaient pas se faire à ce moment-là. Ainsi, on ne célébrait pas les unions durant ce mois et on ne portait pas de nouveaux vêtements. L'aubépine est également associée à une certaine austérité et à la force durable.

Malgré tout, c'est un temps favorable à la fécondité et aux naissances. Les jeunes femmes qui souhaitaient rencontrer leur fiancé prononçaient ce vœu en faisant trois fois le tour de l'aubépine. Jeanne d'Arc raconte que ce rituel existait toujours à son époque, soit au XIIIe siècle.

Ce qui est propice

Sous la Lune de l'Aubépine, on prend conscience des cycles des événements de la vie. Tout ce qui concerne le temps est favorisé. On obtient souvent des résultats en cette période. Les projets, s'ils ont été bien menés, révèlent leur plein potentiel. C'est également le moment de planifier le futur.

Il y a quelque chose de chaste et d'austère en cette période. Même si la saison est belle, on doit prévoir, prévenir, être attentif. On s'interroge sur ce qui est durable et sur ce qui ne l'est pas. On est un peu plus réservé dans sa manière d'agir. Malgré tout, le temps est favorable aux rassemblements et, surtout, aux rencontres amoureuses.

La personne née sous la Lune de l'Aubépine est avant tout capable de planification. Elle sait distinguer ce qui est essentiel de ce qui ne l'est pas.

Sous la Lune de l'Aubépine, vous êtes favorisé si vous êtes né Châtaigner, Frêne ou Charme.

La Lune du Chêne

(du 9 juin au 7 juillet)

Symbolique

Le chêne est le septième arbre de l'alphabet druidique ; il correspond à la lettre D ou Duir. Il est l'un des sept arbres sacrés.

Le chêne représente avant tout la force : c'est de son bois qu'on faisait les portes les plus solides. On raconte également qu'Hercule aurait fabriqué sa massue de bois de chêne.

Le chêne pourpre, celui qui donne le gui, était considéré comme un véritable temple dans la tradition celtique.

C'est sur les branches d'un chêne que Llaw Llew Gyffes avait trouvé refuge alors qu'il avait été transformé en aigle, jusqu'à ce que Gwydion lui fasse retrouver son aspect humain.

Dans le *Câd Goddeu*, on peut lire que le chêne est le vaillant gardien de la porte, cette dernière représentant ici l'entrée de la Méditerranée. Annonçant une renaissance éventuelle du druidisme, on lit aussi:

> Le chêne désenchevêtré,
> s'étalera sur un nouveau druidisme.

Ce qui est propice

Toute action difficile ou exigeante devrait être entreprise en cette période. La Lune du Chêne favorise les activités de longue haleine. Elle assure la durabilité de nos projets et de nos engagements. Puisque le chêne était considéré dans la tradition druidique comme un temple, ce moment de l'année revêt un aspect religieux en ce sens que l'on est en mesure de relier ce qui doit l'être, de faire des liens, de comprendre certains faits, mais aussi d'unir ce qui cherche à être uni.

L'arbre est protecteur et transformateur: on peut donc choisir de se transformer sous la Lune du Chêne, car on sera assuré d'être protégé. C'est une période propice aux changements d'orientation professionnelle ou même à la recherche de nouveaux lieux de vie.

La personne née durant la Lune du Chêne est avant tout forte même si rien n'y paraît. Elle ne se laisse jamais détourner de ses plans et poursuit ses rêves jusqu'à ce qu'elle les réalise.

Sous la Lune du Chêne, vous êtes favorisé si vous êtes né Charme, Figuier, Bouleau, Pommier ou Sapin.

La Lune du Houx

(du 8 juillet au 4 août)

Symbolique

Le houx est le huitième arbre de l'alphabet druidique ; il correspond à la lettre T ou Tinne. Il fait partie des sept arbres sacrés du bosquet des druides.

Dans les mythes gallois (donc celtes), deux chevaliers, celui du Chêne (lune précédente) et celui du Houx, combattaient chaque 1er mai, lors de la fête de Beltane. Le chevalier du Houx était vainqueur, mais généreusement il laissait la vie au chevalier du Chêne.

Le *Câd Goddeu* rapporte à propos du houx :

Comme un fort inexpugnable,
le vieux houx vert sombre
Lacère les mains rougies de coups
de griffes sans nombre.

Ce qui est propice

Sous la Lune du Houx, on prend conscience du raccourcissement des jours ; il faut donc devenir prévoyant et plus vigilant. Tout ce qui demande une grande force ou la capacité de se défendre est favorisé. On se sent d'attaque, on a déjà refait le plein d'énergie ; on doit aussi être attentif afin de voir venir ceux qui voudraient nous attaquer. C'est aussi le moment d'être magnanime, d'exercer sa générosité d'âme et d'oublier les vieilles rancunes.

Cette Lune est favorable aux gens qui exercent des métiers demandant une ténacité à toute épreuve. Elle fait les gagnants. On devient aussi plus casanier.

La personne née sous la Lune du Houx est très résistante. Elle est toujours très généreuse du cœur et ne cultive pas la rancune. Ses talents s'exercent sur ce qui est exigeant.

Sous la Lune du Houx, vous êtes favorisé si vous êtes né Sapin, Orme ou Cyprès.

La Lune du Noisetier

(du 5 août au 1er septembre)

Symbolique

Le noisetier est le neuvième arbre de l'alphabet druidique; il correspond à la lettre C ou Coll. Il est un des sept arbres sacrés du bosquet des druides.

C'est avec les branches du noisetier (qu'on appelle aussi coudrier) que l'on trouvait l'eau des sources souterraines. Aussi, les druides et les bardes utilisaient son bois pour en faire des baguettes.

Le fruit de l'arbre symbolise la sagesse concentrée en un petit fruit. On associe également cet arbre à un enseignement caché, à un puits, à ce qui n'est pas immédiatement accessible à la nature humaine, à ce qu'on doit trouver à force de recherche.

Le noisetier correspond au nombre 9, ce qui donne plus de poids encore à son symbolisme de sagesse.

L'arbre accorde à celui qui s'en inspire des talents de médiateur et de négociateur. On peut lire dans le *Câd Goddeu*:

> L'arbitre était le noisetier en ce temps de sorcière.

En Irlande, un géant mythologique portait toujours sur lui des noisettes, des pommes et des glands, ce qui lui assurait une nourriture perpétuelle.

Ce qui est propice

Sous la Lune du Noisetier, chacun est en mesure de trouver ce qu'il cherche. Ce qui est caché apparaît parfois au grand jour, mais il peut être nécessaire d'être attentif pour le découvrir. C'est un temps propice au renouvellement des ressources. Il y a aussi quelque chose de magique et de chanceux en cette période. Il semble parfois que le destin nous apparaît clairement. Si l'on cultive une certaine sagesse, on peut détecter ce qui sera utile. La nature est à son stade le plus fécond, les êtres aussi. C'est le temps idéal pour planifier sa vie sur le plan matériel.

La personne née sous la Lune du Noisetier est sûre de ne jamais manquer de rien. Elle est féconde en idées, mais elle est aussi très clairvoyante.

Sous la Lune du Noisetier, vous êtes favorisé si vous êtes né Peuplier, Cèdre ou Pin.

La Lune de la Vigne

(du 2 septembre au 29 septembre)

Symbolique

La vigne est le dixième arbre (même s'il s'agit d'un arbuste) de l'alphabet druidique ; il correspond à la lettre M ou Muin.

La vigne est dédiée à de nombreuses divinités ; elle est très fortement liée aux cycles de la vie. Elle symbolise la connaissance ; c'est l'arbuste le plus représenté à toutes les époques et dans tous les lieux où il a été cultivé.

La vigne procure l'ivresse, symboliquement l'ivresse mystique. Elle élimine les barrières mentales, dépasse les conditionnements et met en contact avec les messages célestes.

Elle représente aussi les cycles de la vie, la renaissance perpétuelle ainsi que l'éternité des œuvres de l'esprit.

La vigne, donc le vin, résulte de l'œuvre de la nature, du soleil et du travail de l'homme. Elle est avant tout symbole de joie et d'allégresse, mais elle est aussi liée à la vérité (*In vino veritas*).

On peut lire dans le *Câd Goddeu*:

> Ô rois! J'exalte la vigne, son emportement,
> Les ormes étaient ses pages, partout la suivant.

Ce qui est propice

Sous la Lune de la Vigne, on prend conscience des cycles de l'année et de la vie. La période est favorable à toute forme de prise de conscience mais aussi à la planification. Le travail commun de l'homme et de la nature donne des résultats: chacun le voit en cette lunaison.

C'est également un moment favorable à toute acquisition de connaissances; on apprend plus vite. Cette Lune favorise grandement les apprentissages.

On ne se cache pas sous de faux-semblants. Si une vérité doit être dite, elle émerge ne pouvant plus se tenir cachée. Il y a aussi une ivresse mystique sous cette Lune: on se rapproche du ciel, on entre lentement en contact avec les forces de l'ombre.

La personne née sous la Lune de la Vigne est avant tout un bon vivant. Elle est toujours consciente que l'union des forces de la nature et du travail de l'homme est le seul moyen d'obtenir des résultats durables. Elle est lucide, éveillée, et aime le bon vin !

Sous la Lune de la Vigne, vous êtes favorisé si vous êtes né Saule, Tilleul, Olivier, Chêne ou Noisetier.

La Lune du Lierre

(du 30 septembre au 27 octobre)

Symbolique

Le lierre est le onzième arbre de l'alphabet druidique ; il correspond à la lettre G ou Gort.

Le lierre rappelle Osiris et les bacchanales ; ces dernières correspondent à l'automne, à la fin des vendanges, à un temps de repos.

Le lierre et la vigne sont si fortement liés que sur les débits de vin anglais (donc celtes), on les trouvait généralement tous deux emmêlés. Tout comme la vigne, le lierre est fortement lié aux cycles de la vie, au temps qui passe. On l'associe à Dionysos, donc à la force, à la persistance de la vie et à l'éternel retour des choses.

Dans le *Câd Goddeu*, on peut lire :

L'ajonc magnifique combat
tout près du jeune lierre[4].

Ce qui est propice

Il y a une notion de repos liée à la Lune du Lierre, bien qu'aujourd'hui il s'agisse plutôt d'une période de travail acharné. Autrefois, les récoltes prenaient fin à ce moment et on pouvait enfin prendre un peu de temps pour se détendre.

Puisque le lierre représente aussi l'éternel retour des choses, des événements, chacun fait le lien entre le passé et le futur, entre la vie et la mort. On se rapproche de plus en plus du temps le plus sombre de l'année ; on est casanier, on se prépare au froid, on se referme un peu sur soi. L'intimité est tout de même favorisée sous cette Lune, tout comme le désir : le lierre reste vert en toute saison.

Il faut chercher à se protéger à ce moment de l'année et trouver parmi les siens ceux qui pourront nous protéger et ceux que l'on pourra protéger.

La personne née sous la Lune du Lierre sait très bien ce qu'elle veut dans la vie. Même si elle semble hésitante, elle connaît intuitivement son chemin. Elle est prolifique et généreuse.

4. L'ajonc est associé au printemps, le lierre à l'automne. Ensemble, ils symbolisent les cycles de la vie.

Sous la Lune du Lierre, vous êtes favorisé si vous êtes né Noisetier, Sorbier, Érable ou Noyer.

La Lune du Roseau

(du 28 octobre au 24 novembre)

Symbolique

Le roseau est le douzième arbre de l'alphabet druidique; il correspond à la lettre Pethboc ou Peith ou Ngétal.

Le roseau était un des attributs de la royauté des pharaons dans l'ancienne Égypte. Il était considéré comme un symbole de vie et de protection. Durant longtemps, les maisons européennes ont été recouvertes de roseau.

Le natif de la Lune du Roseau est à la fois fragile, fort et flexible. Dans le *Câd Goddeu*, on peut lire:

> Chefs solides furent [...]
> Le roseau à la course rapide.

Ce qui est propice

Sous la Lune du Roseau, on est à la fois adaptable, sensible et capable de prendre des décisions. Puisque le roseau est considéré comme solide dans la tradition celte, la période favorise donc les entreprises qui demandent une solidité à toute épreuve. Il ne faut plus hésiter, il faut aller de l'avant, dans le sens des objectifs que l'on s'est fixés.

Sous cette Lune, chacun se questionne, hésite, semble ne plus trop savoir quel chemin prendre, mais il a la possibilité de se renforcer intérieurement et de faire les choix qui lui procureront ce qu'il souhaite. C'est un temps de travail, mais en souplesse. On ne bouscule pas, on est à l'écoute, c'est ainsi qu'on obtient des informations utiles.

L'abondance et la richesse sont souvent présentes sous cette Lune.

La personne née sous la Lune du Roseau fait avant tout preuve d'une grande force d'adaptation. Elle reste toujours consciente des cycles de la vie. Elle a l'humeur changeante. C'est aussi une personne féconde à qui la chance matérielle sourit plus souvent qu'autrement.

Sous la Lune du Roseau, vous êtes favorisé si vous êtes né Noyer, Sapin, Châtaigner ou Frêne.

La Lune du Sureau

(du 25 novembre au 23 décembre)

Symbolique

Le sureau est le treizième et le dernier arbre de l'alphabet druidique ; il correspond à la lettre R ou Ruis.

C'était un arbre ayant mauvaise réputation puisqu'il était censé porter malheur. Cela dit, il ne faut pas trop s'en faire si l'on est né durant la période de sa lunaison. N'oublions pas que novembre est reconnu comme le mois des morts, ce qui n'en fait pas une période malheureuse pour les Sagittaire qui sont également natifs du Sureau. Il reste que le mois de novembre porte en lui la notion même de la mort, la nature cessant de croître pour accueillir la fin des choses, et les nuits sont les plus longues.

Les fantômes ont tout le terrain pour créer des peurs ; le sureau en porte le fardeau.

Le religion chrétienne a fait du sureau le bois du diable. On racontait que c'était l'arbre auquel s'était pendu Judas après avoir trahi son maître.

Ce qui est propice

Sous la Lune du Sureau, la nature a cessé toute activité de croissance apparente. Elle dort ; ce sommeil est réparateur, car il lui permettra de reprendre vie par la suite. Puisque tout semble en arrêt, la période est donc propice à la réflexion, à la vie intérieure. Ce qui semble stagnant est en réalité en état de dormance. Dans toute activité, tout projet, toute relation, il y a des moments où il est nécessaire et profitable de s'arrêter, de ne plus bouger, de ne plus agir. La Lune du Sureau vient nous rappeler cette part importante de la vie : l'inaction profitable.

On oublie ce qui n'est pas essentiel en cette période. Les rapports humains prennent toute leur importance, car le travail (du moins à l'époque où le travail était lié aux cycles naturels) en est un de préparation. Les talents manuels et intellectuels se révèlent. On se découvre de nouveaux intérêts. Tout ce qui touche l'intérieur de la maison est également favorisé : on cherche le confort.

La personne née sous la Lune du Sureau est avant tout capable de réflexion profonde. Elle est consciente que le vivant se cache sous la mort apparente. C'est quelqu'un de pénétrant qui aime bien apprendre et cultiver certaines formes de sagesse.

Sous la Lune du Sureau, vous êtes favorisé si vous êtes né Frêne, Charme, Figuier, Bouleau ou Hêtre.

Annexe
Les grandes dates

La civilisation celte prend racine dans les cultures anonymes de l'âge du bronze, soit plus de 2000 ans av. J.-C. Au cours des deux millénaires qui précèdent le christianisme, les Celtes occupent de vastes territoires de l'Europe. Ainsi, on trouve des vestiges de leur civilisation des Carpates (territoire actuel de la Roumanie) jusqu'en Europe de l'Ouest et dans les îles Britanniques.

On distingue quatre groupes culturels chez les Celtes :

1. les Celtes d'Italie du nord et du centre, que l'on connaît grâce à l'écriture ;
2. les populations de l'ouest de la France et des îles Britanniques (les Galli pour la Gaule) ;
3. les Celtes de la péninsule ibérique (l'Espagne et le Portugal actuels) ;
4. les Celtes de l'Europe intérieure (les Galates), des Balkans à l'Asie Mineure (la Turquie actuelle). Ils sont considérés comme puissants et dynamiques.

L'histoire des Celtes nous est en partie connue grâce aux témoignages de quelques historiens grecs et latins, aux fouilles archéologiques (celles-ci ont permis de retracer l'étendue de leur territoire et d'en savoir davantage sur leur culture et leurs croyances) et aux moines irlandais.

Les témoignages d'auteurs grecs et latins

Plusieurs auteurs, dont Hérodote (env. 500 ans avant J.-C.), César (env. 50 avant J.-C.), Tite-Live (env. 40 avant J.-C.), Pline l'Ancien (23-79), ont décrit certains événements concernant les Celtes, mais cela a été fait dans le contexte de l'histoire de leur propre peuple plutôt que dans le but d'en connaître davantage sur les Celtes eux-mêmes. Ces auteurs ont retracé l'établissement des Celtes en Asie Mineure. Ils ont dépeint le conflit entre Rome et les populations celtiques d'Italie (env. 280 avant J.-C.), ainsi que la conquête de la péninsule ibérique par les Celtes et la pratique du mercenariat des Celtes en Méditerranée.

Les fouilles archéologiques

C'est vers la fin du XIXe siècle que des fouilles archéologiques nous ont renseignés un peu plus sur la vie et la mort des Celtes. La découverte de tombeaux princiers a permis de tirer quelques informations sur leurs croyances. Ceux-ci étaient d'immenses chambres funéraires. À côté du défunt, on retrouvait fréquemment un char processionnel à quatre roues. Les archéologues en ont déduit que lorsqu'un prince mourait, on le promenait dans son char dans tous les villages qu'il avait gouvernés. Plusieurs sépultures contenaient également des services à vin dont les urnes étaient démesurées. On a découvert des parures en or, des tissus brodés de soie chinoise, de l'ivoire sculpté. Ces populations glorifiaient le caractère sacré de la fonction royale.

Les sépultures retrouvées au XIXe siècle dataient d'avant le IVe siècle avant J.-C. On considère que l'organisation sociale se serait peu à peu modifiée au cours des siècles suivants pour devenir plus rurale.

Les moines irlandais

Les transcriptions des moines irlandais ont permis de retracer une partie de l'histoire des Celtes. On connaît, grâce à eux, la mythologie celte et l'histoire de certains héros légendaires.

La présence des Celtes en Europe

On pourrait être tenté de croire que les Celtes n'ont peuplé que les îles Britanniques et quelques régions de la France. Pourtant, il n'en est rien : ils se sont établis dans plusieurs régions d'Europe au cours des siècles qui ont précédé la conquête romaine. Par la suite, ils ont été obligés de se retrancher dans le nord de l'Écosse et de l'Irlande, ainsi qu'en Armorique dès le Ier siècle de notre ère.

La période de grande expansion celtique s'étend surtout du VIe au IIIe siècle avant J.-C. Avant le VIe siècle, nous en connaissons peu sur eux. Par la suite, soit après les conquêtes romaines et les invasions barbares, les Celtes se mêleront aux autres peuples qui habitent l'Europe. Leurs traditions, pratiques et croyances entreront dans le domaine du privé et du rural.

Des peuplades celtes vivent sur les îles de l'Irlande et de la Grande-Bretagne actuelles.	Ve siècle av. J.-C.	Un navigateur carthaginois (l'actuelle Tunisie) remonte l'Atlantique jusqu'à la péninsule armoricaine (espagnole); il y apprend que les habitants du lieu font commerce avec des peuplades celtes de deux grandes îles, Ierné et Albron, soit l'Irlande et la Grande-Bretagne actuelles. On sait aussi, grâce aux fouilles archéologiques faites au XIXe siècle, que des peuplades celtes étaient présentes avant le Ve siècle sur de larges territoires européens.
On trouve des Celtes en Italie.	–386 av. J.-C. jusque vers –295 av. J.-C.	On trouve des Celtes à Bologne, à Ancône, à Rome et en Lombardie. Les périodes de conflits alternent avec des périodes de paix.
Des peuples celtes (les Galates) s'établissent en Europe orientale.	–350 av. J.-C. à –280 av. J.-C.	Les Celtes originaires du plateau suisse (Galates) émigrent vers l'est de l'Europe. Ils occupent alors les plaines centrales de Bohème et de la Moravie (République tchèque), des territoires le long du Danube, les Carpates (Roumanie) et l'actuelle Bulgarie. La «Grande expédition»: une armée de Celtes atteint la Grèce, et en particulier le sanctuaire de Delphes. Ces Celtes (ou Galates) sont reconnus comme de redoutables combattants.

Les Celtes sont peu à peu refoulés vers le nord de l'Europe.	Du IIIe au IIe siècle av. J.-C.	L'Empire romain s'étend. Les Romains conquièrent la péninsule ibérique (l'Espagne et le Portugal), puis la Gaule, où sont installées des populations celtes. Un peu plus au nord, les Celtes subissent également les assauts des Germains et des Helvètes. La conquête romaine et les invasions germaniques refoulent les Celtes vers le pays de Galles, l'Écosse et l'Irlande. Les coutumes et les langues celtes seront le mieux et le plus longtemps conservées dans ces pays.
Les populations celtes reculent aux confins de l'Empire romain. Des Celtes fuient la Grande-Bretagne actuelle et s'installent en Armorique.	–55,–54 av. J.-C. –43 av. J.-C.	César effectue une expédition en Bretagne (l'actuelle Grande-Bretagne), mais il ne conquiert pas l'île. Claude, empereur romain, débarque à nouveau en Bretagne et fait de cette île une nouvelle province romaine. Le nord de l'Écosse, les hauteurs du pays de Galles et l'Irlande y échappent; les populations celtes s'y retranchent. Les Saxons et les Anglos envahissent les îles de Grande-Bretagne. Des Celtes se réfugient en Armorique.

Sommaire

Première partie

Les 21 arbres protecteurs